MAURICE DUBOIS

PEINTRE D'HISTOIRE

IL A ÉTÉ TIRÉ DE CET OUVRAGE,
TROIS CENTS EXEMPLAIRES DE LUXE,
NUMÉROTÉS DE 1 A 300
PORTANT LA SIGNATURE DE
MAURICE DUBOIS
ET 1700 EXEMPLAIRES NON NUMÉROTÉS
SUR PAPIER COUCHÉ MAT BLANC.

Les Peintres du XXe Siècle

MAURICE DUBOIS

PAGES CRITIQUES DE

Henri de RÉGNIER, *de l'Académie Française*

Paul BRULAT
Inspecteur aux Beaux-Arts

Georges d'ESPARBÈS
Conservateur des Musées Nationaux

Édouard HELSEY du *Journal*, Raoul de GIVREY du *Figaro*,
Ernest DUPONT de *l'Avenir*, Roger DORSEL du *Soir*,
René du CHASTAINGT *du Rappel*,
Daniel CALDINE, Jean COLIN, Camille HESSET,
Léon-Sylvestre de SACY,
Gabriel AQUITAIN, Jules de SAINT-HILAIRE,
Georges LEGRAND-DALLIX, André PASCAL-LEWIS.

Eugène FIGUIÈRE
ÉDITEUR
17, Rue Campagne-Première, 17. — PARIS

1927

PRÉFACE DE L'ÉDITEUR

Ainsi que les livres, les toiles ont leurs destins.

Il y a les livres et les tableaux bons et mauvais, mais il y a aussi les destins ejusdem farinæ. Et, comme les destins ne sont point soumis aux règles de la logique, la logique étant ici le pseudonyme de la justice, il est d'aventure courante que livres et tableaux d'insuffisante qualité rencontrent le destin bienfaisant, tandis que ceux de l'autre catégorie se heurtent au destin maléfique ou, ce qui est pis, ne rencontrent que le silence où ils sont ensevelis.

Les Ecrivains et les Artistes que la critique banderilla dans ce tauril de la renommée n'ont pas à solliciter la compassion du spectateur. Si leur œuvre est d'un précieux métal, si elle est sonore à l'intelligence et à la sensibilité, les créateurs n'ont pas à « s'en faire ». Leur lettre de change sur la postérité ne sera peut-être pas payée à quatre-vingt-dix jours, mais elle sera sûrement soldée plus tard et leur conférera la récompense posthume dont se préoccupa en leur vivant leur appétit de persévération dans l'Etre. Mais combien ont le droit d'être plaints, ceux que la critique n'a jamais bousculés, ceux que les quadriges aux rênes d'or de la Publicité n'ont jamais emporté au-delà de la borne du triomphe ou de la simple notoriété !

J'ai souvent soliloqué autour de ce thème et sans cultiver la prétention de corriger le destin, j'ai tenu pour intéressant de déchirer le silence fait autour d'artistes injustement méconnus et de permettre au public de situer à l'échelle légitime des valeurs ceux qui, aux regards des contemporains n'occupent pas le rang qu'ils méritent.

Nous avons déjà édité dans ce but notre collection des Ecrivains du xxe siècle dont le succès a été considérable et s'accroît quotidiennement. Parallèlement à cette collection, nous éditons aujourd'hui le premier volume de la collection des Peintres du xxe siècle en publiant un ensemble d'Etudes sur le beau peintre Maurice Dubois.

Les volumes qui suivront celui-ci seront consacrés aux artistes qui ont nom, parmi d'autres, Marcel Lenoir, Gaude Roza, George Bouche et Eugène Narbonne.

Telle sera la première charrette de bons peintres, arrachés à la guillotine sèche de l'indifférence et à ce bourreau dénommé Silence, Torquemada des artistes aux âmes vibrantes et éblouies...

* *
*

Il me reste maintenant à dire pourquoi j'ai tenu à inscrire le nom de Maurice Dubois en tête de cette collection.

J'ai choisi Maurice Dubois parce que le cas de cet artiste, sur l'œuvre de qui se pencha admirateur le clair regard du grand Claude Monet, est un cas typique. Voilà un peintre dont la vie laborieuse a atteint le cycle de la cinquantaine; un peintre qui a de 1800 à 2.000 toiles dispersées dans les galeries étrangères, de Londres, New-York, Bruxelles, Vienne, dont huit tableaux honorent le Musée de l'Armée. Voilà un artiste qui n'a cessé de se renouveler d'année en année, prenant dans les apports picturaux des Ecoles nouvelles tout ce qui pouvait s'amalgamer avec l'Ecole classique, vivifiant la facture de celle-ci, l'assouplissant de ses mains robustes et l'accordant à toutes les exigences de la vision moderne ; voilà un créateur qui unit au culte de la ligne le culte de la lumière, la passion de la couleur, pétrie à pâte pleine, jetée en touches hardies sous le choc de l'inspiration, sans retouche, ou pour mieux dire sans repentir : et ce créateur est à peine connu du grand public, ignoré des marchands

de tableaux, n'a pas son nom dans la liste kilométrique des Hors-
Concours, n'a jamais obtenu le moindre billon de médaille et n'a
pas la petite blessure rouge au coin de son veston...

Un tel paradoxe était intéressant.

Un vieil ami de Maurice Dubois me donna l'explication du
phénomène. Le peintre avait passé trente ans de sa vie à l'Etranger.
Ses envois intermittents à nos Salons n'étaient point passés inaperçus,
mais leurs succès ne pouvaient être cristallisés. L'Artiste ne ramait
point sur la galère officielle du Conseil des Dix et n'avait jamais
prêté serment aux Doges qui régnaient tour à tour et l'Arche sainte,
portée par les Pontifes, ne rendait point d'oracles en sa faveur.

Et il fallut le retour définitif de l'artiste dans son pays, l'installa-
tion de son atelier dans la calme et riante villa Eugène Delacroix,
au Vésinet, et ses deux magnifiques Expositions en 1926 et 1927,
pour que son œuvre commençât à avoir du rayonnement.

Dans ce volume, consacré à l'Exposition de 1927, illustré de
nombreuses et belles reproductions des œuvres citées, nous publions
les commentaires les plus importants faits par la Presse parisienne
sur l'œuvre de l'artiste Maurice Dubois. Des écrivains comme
Henri de Régnier, de l'Académie Française, Paul Brulat, l'un des
critiques les plus pénétrants de l'Ecole Impressionniste, comme
Georges d'Esparbès et Edouard Helsey, pour ne citer que ceux-là,
diront ce qu'ils pensent de Maurice Dubois, peintre d'Histoire,
peintre de la figure, paysagiste impressionniste et magnifique inter-
prête des splendeurs florales : l'un des artistes les plus compréhensifs
et les plus complets de notre temps.

La collection des Peintres du xxe siècle dont nous poursuivons
la publication avec une inlassable constance et une artistique ferveur
ne pouvait débuter plus heureusement.

Eugène FIGUIÈRE.

— 7 —

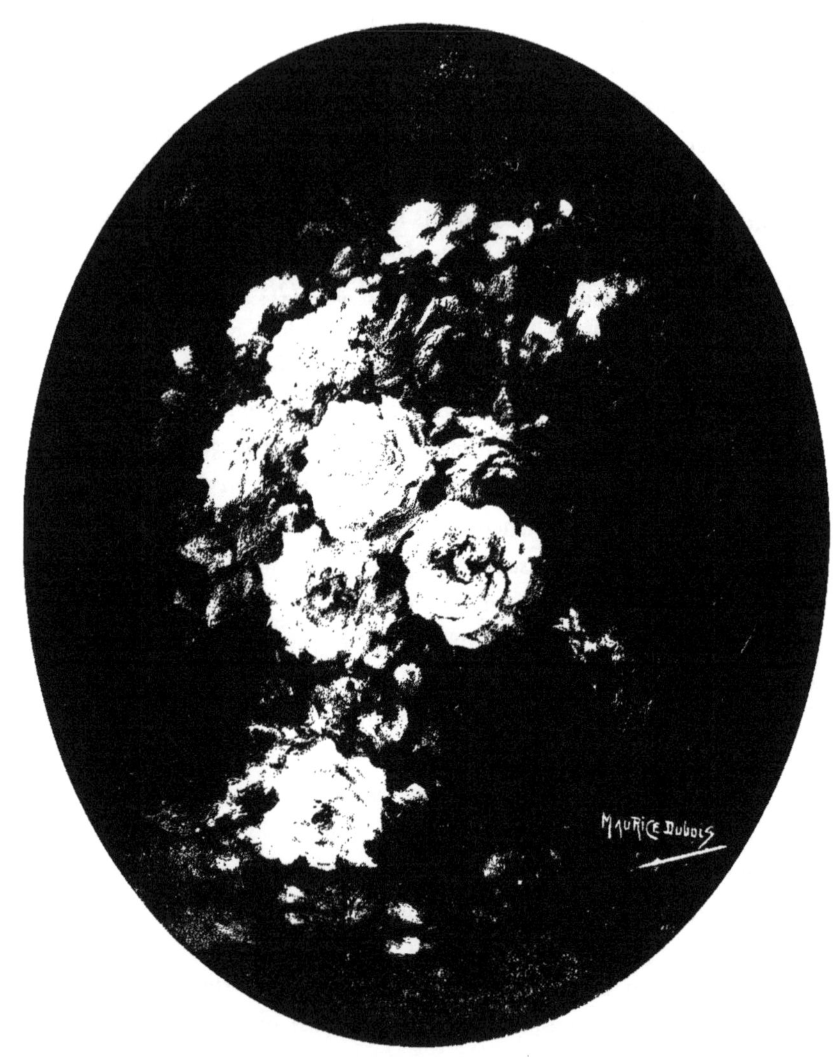

LA CARESSE DES ROSES

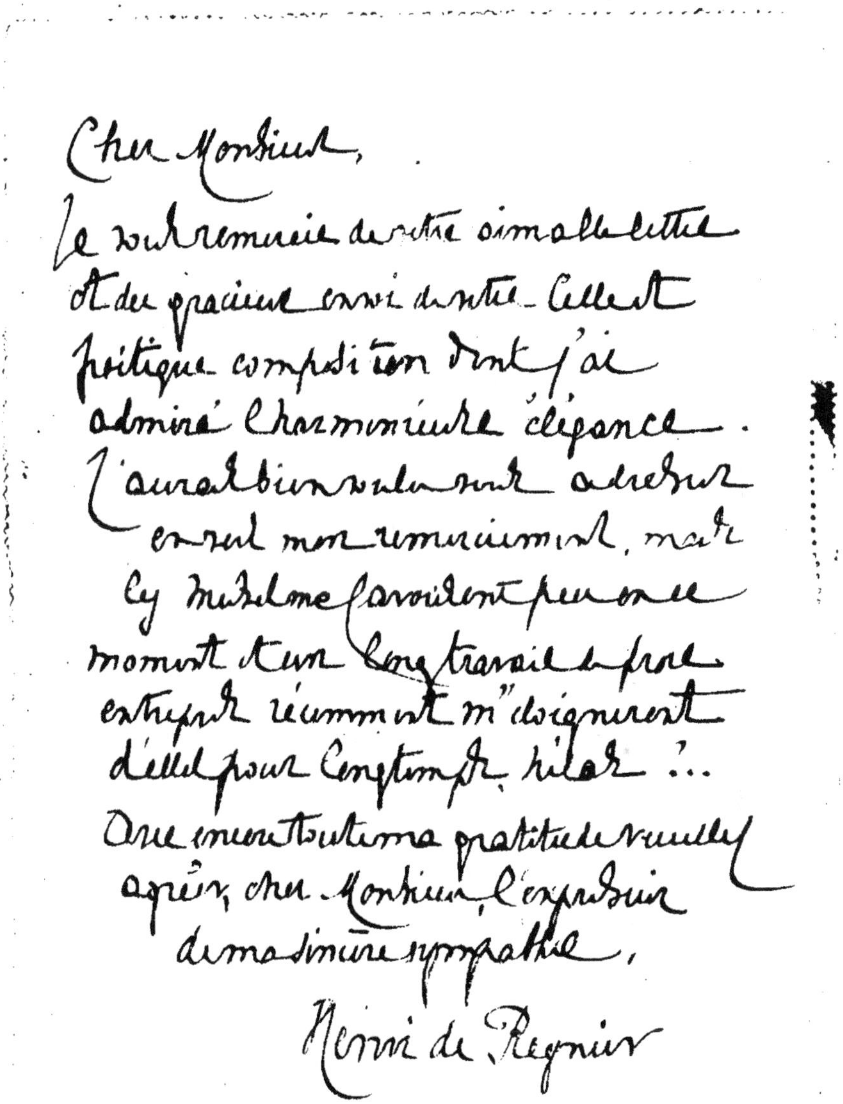

Cher Monsieur,

Je vous remercie de votre aimable lettre et du gracieux envoi de votre belle et poétique composition dont j'ai admiré l'harmonieuse élégance. J'aurais bien voulu vous adresser en vers mon remerciement, mais les Muses me savaient peu en ce moment et un long travail de prose entrepris récemment m'éloignerait d'elles pour longtemps, hélas ?..

Avec encore toute ma gratitude veuillez agréer, cher Monsieur, l'expression de ma sincère sympathie.

Henri de Régnier

LETTRE D'HENRI DE RÉGNIER AU PEINTRE MAURICE DUBOIS

Fac-similé du charmant billet que le grand poète Henri de Régnier adressait à Maurice Dubois, en remerciement de l'envoi, fait par l'artiste, de la reproduction d'un de ses tableaux.

L'EXODE (*Aquarelle*)

La grande œuvre
de Maurice Dubois

Je vis MAURICE DUBOIS, et m'entretins avec lui avant de connaître son œuvre. Une première impression, une conversation suffisent parfois à révéler un homme, une intelligence. Ce regard franc et droit, cette simplicité, cette voix et tout ce qu'elle disait, annonçaient une philosophie sereine, un esprit sans prévention, quelqu'un qui pense vraiment par lui-même. Spectacle rare, en ce temps de bluff, de snobisme, de réclame outrancière, où tant de gens, échos plus ou moins sonores, reflets plus ou moins brillants, se croient sincères qui ne sont qu'impressionnés. Sous cette bonhomie, je sentais une âme ardente, éprise d'un idéal qui avait résisté aux déceptions, aux coups du sort, aux épreuves de la vie, et entretenait en elle une flamme qui ne s'éteindra jamais.

Mais c'est encore par son œuvre qu'on se révèle le plus complètement, le plus profondément. Je visitais l'atelier de MAURICE DUBOIS, dans sa charmante demeure du Vésinet, où ne pénètrent que de rares amis et de vrais connaisseurs. La plupart de ses toiles étaient là : quarante ans de labeur et de création, attestant la passion de la vie et de la vérité, de la nature entière dans son immense et splendide variété, avec cette invincible fierté d'être soi, sans laquelle on n'existe pas en art. C'était le drame humain, adouci par des paysages, des fleurs, des marines, qui se déroulait sous mes yeux, dans ces savantes compositions évoquant les grands évènements de l'Histoire. Le

RÉFUGIÉS FUYANT L'INVASION (*Aquarelle*)

puissant réalisme de l'école flamande et l'éclat des Impressionnistes modernes s'harmonisent dans cet art de lumière et de vérité. Mais en s'instruisant du passé, des grands peintres de la Renaissance, à Florence et à Venise où il vécut deux ans, puis en Espagne, MAURICE DUBOIS n'en affirme pas moins sa forte personnalité faite de sincérité et de sensibilité, d'une conception pathétique de la vie. Peintre d'Histoire, ce sont les scènes les plus émouvantes et tragiques qui sollicitent son pinceau. Voici *Danton à la tribune de la Législative* lançant son cri superbe : « *De l'audace, encore de l'audace, toujours de l'audace* ! » Voici le champ de bataille de *Waterloo* ; et voici encore, tout près de nous, le grand drame dont il fut lui-même témoin, aux heures les plus angoissantes de nos destinées : *L'Exode des réfugiés, des sans-foyer, fuyant devant l'invasion*, à la fin d'août 1914.

Peintre aussi de portraits, MAURICE DUBOIS se révèle psychologue, cherchant à pénétrer les âmes et les laissant deviner à travers les visages qui ne mentent pas, parce qu'ils reflètent la vie intérieure de chaque être et portent les stigmates du destin.

Demeuré dans la grande tradition, ayant beaucoup vu et beaucoup appris, s'inspirant des Maîtres anciens, tout en bénéficiant de ce que les évolutions successives ont apporté à l'Art, MAURICE DUBOIS apparaît comme la plus vivante preuve que l'étude et la science, le respect du passé, loin de diminuer notre originalité, l'enrichissent au contraire, nous aident à nous découvrir, à nous connaître, favorisant l'épanouissement des dons naturels. L'ignorance ne fut jamais un signe de génie et l'aimable naïveté ne produit en art que des balbutiements.

On peut s'étonner que ce grand peintre ne soit pas plus honoré de faveurs officielles. Sans doute s'est-il souvenu de la fière parole de Flaubert : « Quand on est quelqu'un, il est misérable de vouloir être quelque chose ! » Il est vrai aussi que le temps qu'on emploie à être quelque chose, on le perd à devenir quelqu'un. Eloigné des coteries et des intrigues, ne se souciant pas de conquérir des prôneurs, il borna son ambition à réaliser sa conception de l'art, à mettre dans son œuvre toute sa probité, sa conscience, sa foi profonde.

Evidemment, ce n'est point d'un tel homme qu'un marchand de tableaux, un de ceux qui créent les vogues, se fût avisé de dire :

SANS FOYERS *(Aquarelle)*

« *A du talent qui nous voulons* ». Son éloignement explique aussi le silence qui trop longtemps se fit autour de Maurice Dubois. Il passa trente ans à l'étranger, séjourna en Italie, en Espagne, en Hollande, en Angleterre, en Belgique, visita tous les musées d'Europe, sans cesse avide de voir, d'apprendre, d'admirer. Son existence illustre le vers fameux de Virgile : « On se lasse de tout, excepté de comprendre ». Mais Paris, qui seul consacre les renommées, tient rigueur à ceux qui trop souvent s'en éloignent. Les absents ont tort, et ce vieux proverbe semble vrai surtout pour les peintres.

Cependant, bien qu'il ne soit point connu comme il devrait l'être et n'ait pas encore la place qu'il mérite, Maurice Dubois garde à travers le monde des admirateurs fidèles qui parviendront à l'imposer. Ce livre annonce une gloire naissante qui résistera à l'épreuve du temps. Tout a une vie, une âme : les êtres et les choses. C'est ce qu'a profondément senti Maurice Dubois. C'est le don de « *faire vivant* », d'animer tout ce qu'il peint, qui caractérise son talent. C'est à cette conception de l'Art que s'élève son intelligence ; en cela aussi que consiste son idéal. Chacune de ses toiles exprime une pensée, l'ensemble de son œuvre un amour qui s'étend à tout ce qui vit, à tout ce qui souffre, à la Nature entière. N'est-ce point la plus belle raison d'être et le secret de ce fécond optimisme qui étonne chez un homme auquel rien ne fut épargné? Il aime la vie, à cause même du courage qu'il faut pour la vivre, et plutôt, nous dirait-il, la souffrance seule que le renoncement à ce qu'on a en soi d'humain et de vibrant.

Contrairement à tant d'autres qui se confinèrent dans une manière, refirent le même tableau, Maurice Dubois s'est renouvelé sans cesse par l'étude, la méditation et l'expérience. Plusieurs êtres, il est vrai, se succèdent en nous. Le paysage étant un état d'âme, selon Stendhal, ou le monde extérieur un phénomène cérébral, comme l'a dit Schopenhauer, on ne voit pas les choses, à cinquante ans comme à vingt ans.

L'œuvre de Maurice Dubois s'en ressent, marquant plusieurs étapes dans son évolution intellectuelle et morale. Mais toujours chez lui domina le souci classique du dessin et de la composition, avec la passion de la couleur. Par dessus tout s'affirme en ce puissant artiste, si Français par son caractère, ses aspirations et ses inspirations, une

DANTON A LA LÉGISLATIVE (2 Septembre 1791)
... De l'audace, encore de l'audace, toujours de l'audace et la France est sauvée !...

foi profonde au renouveau promis à qui lutte, espère, travaille et ne
s'avoue jamais vaincu.

Tel est l'enseignement qui se dégage de cette vie et de cette œuvre.
Dans celle-ci une toile a particulièrement arrêté mon attention,
parce qu'elle montre le penseur noblement préoccupé des grands
problèmes sociaux. C'est *Le Retour à la Terre*, à la vieille terre de
France que déserte toute une jeunesse attirée par le mirage des
immenses cités modernes où se perdent tant de déclassés, de déra-
cinés. De nos jours, la terre qui nous fait vivre manque de bras.
La prospérité de la France est agricole plus qu'industrielle. C'est
une des questions les plus angoissantes de notre temps que cet
exode des campagnes. Le retour au sol natal, là est le salut du
pays, de la race. Sans doute Maurice Dubois pense-t-il comme
Rousseau : « Les hommes ne sont point faits pour être entassés en
fourmilière, mais épars sur la terre qu'ils doivent cultiver. Plus ils
se rassemblent, plus ils se corrompent. »

Certains apôtres de l'art pour l'art nous diront sans doute qu'un
peintre ne doit se soucier que de voir et d'exprimer la nature à
travers son tempérament. N'est-ce point là une conception par trop
limitée et contre laquelle s'élève justement Maurice Dubois, esti-
mant qu'un peintre ne peut que grandir en demeurant un penseur,
un philosophe, un idéaliste, en un mot un homme complet.

Et c'est par cela que son œuvre me paraît destinée à prendre
une plus grande place, celle qui lui est due, dans l'art contem-
porain.

PAUL BRULAT,
Homme de Lettres,
Inspecteur aux Beaux-Arts.

COMPAGNONS DE GLOIRE

L'Œuvre d'un Peintre d'Histoire

J'ai connu Maurice Dubois, il y a une trentaine d'années.

J'étais allé à Waterloo, entraîné par la mélancolie et les voluptés d'un culte que je n'abandonnerai qu'à la tombe, et je parcourais, dans une sorte de délire dont j'ai gardé confusément la mémoire, cette plaine où succomba le dieu de la Guerre et de la Paix, ce Napoléon sans limites connues, dont l'Allemagne jalouse avait dit un jour, le voyant entrer dans sa ville de Dusseldorf : « — J'ai vu passer à cheval l'âme du Monde. » — Et nous parlions de cet homme-là !...

D'ailleurs, sur ce peu de terre, de quoi parler qui ne fût point Waterloo, la mieux engagée, la plus « certainement » gagnée des batailles de l'Empereur — et qui fut perdue..... Et j'admirais, tout en le partageant, l'enthousiasme de mon compagnon.

Des accents superbes, une conviction appuyée sur la connaissance de l'histoire. Et j'entends encore cette voix, dans un soir rouge qui ajoutait peu à peu son ombre à nos pensées. « ...Oui, la bataille à gagner, c'était Ligny ! Quatre-vingt-sept-mille Prussiens avaient été battus en six heures par soixante-cinq mille Français.

« Voyez de ce côté... Restaient les Anglais, massés aux Quatre-Bras. Malheureusement, quatre heures perdues, les Anglais décampent. On a dit que Napoléon, dans un mouvement de pitié, avait ordonné un repos de quatre heures à ses troupes. Peut-être bien, mais on a prétendu encore qu'Il était fatigué. A d'autres ! Dès neuf heures, il est sur le champ de bataille, il n'en sort qu'à la nuit, avec ce qui restait des derniers carrés de ses grognards. Quatre-vingt seize heures à cheval !... Est-ce là un homme qui craint la fatigue ? Est-ce là un homme malade, sans énergie ?... Il faut voir ailleurs les causes de la défaite : méprises, négligences, paresse de toutes parts ; ordres mal compris, portés comme à regret ; des chefs qui n'en pouvaient

LA MORT DU TROMPETTE

plus. Et cependant un plan unique, et quelles troupes pour l'exécuter !
Mais Napoléon présent partout à la fois, c'était impossible. L'apathie,
le manque de cran de ses généraux lui firent faire, au lieu de son
métier de chef, celui de sergent. Cette bataille, qui devait être la
plus aisée de toutes, devint à ce moment la plus redoutable pour les
Français. Si vous voulez bien, nous allons sur place en évoquer les
chances et les difficultés. Prenons ce chemin, suivez-moi. »

Et j'assistai, en l'espace de trois heures de marche, à une recons-
titution de la bataille de Waterloo, par l'homme qui en connaissait
les moindres détails, par l'artiste qui devait un jour en développer
sous nos yeux tout le pittoresque héroïque dans toute la grandeur
désespérée. Une « fresque » devait s'édifier bientôt sur ces énergiques
souvenirs.

Un émouvant cortège d'œuvres : *Compagnons de Gloire* ; dans
un paysage neigeux. Un cuirassier blessé à la tête porte sur ses
épaules un grenadier de la Garde blessé à la jambe ; il est suivi
d'un troisième blessé, le cheval (ce cheval qui apparait constamment
sur les toiles de MAURICE DUBOIS, et rien n'est plus difficile et
délicat que l'étude des mouvements d'un cheval) ; *La Mort du Trompette*, grande toile exposée aux Artistes Français en 1914, inspirée
par un épisode de la Campagne de Russie, et dont, là encore, toute
l'émotion se concentre sur le cheval du « houzard », dans la pitoyable
caresse dont il réchauffe le visage de son maître ensanglanté et couché
à terre... Un dyptique peint à la gloire du 9ᵉ de Cuirassiers : *Waterloo* : — « *Avant la Charge — Après la Charge* ». Une plaine au couchant,
la sérénité martiale, le rigide alignement des cuirassiers qui savent
que la chose tout à l'heure sera « sérieuse », que Napoléon va leur
demander la victoire ou la vie ; et muet, immobile, le régiment semble
répondre : Tout pour Toi ! — Autre tableau : Une clameur, un sabre
qui scintille : *En Avant* ! Et voici le départ en trombe, étendard cla-
quant au vent, les rouges trompettes s'époumonnant sur leurs gros
chevaux joyeux, balafrés de vieilles entailles. Et pour terminer cette
fresque épique, le peintre ouvre à nos yeux le panorama sinistre où
Dieu ameuta les géants : trois tableaux hors pair, de main de
maître, dignes de leur formidable sujet :

LA VEILLE DE WATERLOO (*Aquarell.*)

Ave Imperator..... morituri te salutant!...

La Veille de Waterloo.
Waterloo, Huit heures du soir.
Le Monument Français de Waterloo.

Et voici, admirable de netteté, en style militaire dédaigneux de vaines images, l'historique récit d'un des multiples aspects de ce formidable événement, que MAURICE DUBOIS, qui sait sa bataille par cœur, me répète d'une voix grave, émue, comme le poète lorsqu'il parle de ses dieux morts.

« L'Empereur était arrivé à la ferme du Caillou, vers huit heures du soir. A dix heures, il décide de tenir un conseil de guerre. Il pleut à torrent. Soudain, un bruit se fait entendre. L'Empereur appelle un aide de camp et l'envoie sur la route se renseigner. L'aide de camp revient et dit à l'Empereur :

« Sire, ce sont les Cuirassiers de la brigade Millaud qui vont prendre leurs positions de combat... »

« Suspendons un instant le conseil de guerre, dit l'Empereur, je tiens à me rendre compte du moral de mes troupes. Soult et vous, Ney, suivez-moi ! »

Tous les trois se rendent au coin du verger, pour voir défiler les Cuirassiers.

Aussitôt, l'Empereur est reconnu. Les Cuirassiers mettent sabre au clair et crient : — pour la dernière fois — « *Vive l'Empereur !*... » pendant que les trompettes sonnent : *Aux Champs.*

MAURICE DUBOIS s'est tu. Et je reviens tont frisonnant de pensées, devant cette terrible vision : *Waterloo, Huit heures du soir,* où le peintre a évoqué les magnifiques tristesses de la guerre : une vaste plaine où gisent les hommes, les chevaux, les drapeaux, les affuts, les caissons, les Aigles. Au loin, la Haie Sainte en flammes et la fumée d'un dernier canon : le glas de l'Empire... dans la pourpre d'un soleil qui se couche, qui va mourir — comme tout meurt.

... De l'Empereur et de son Empire, soit, mais non le glas de la gloire. Un glas, pour la France, cela se termine toujours en Angélus. Et n'est-ce pas sur un horizon d'angélus, dans une fraîcheur matinale, presque religieuse, que cette petite fille d'aujourd'hui vient faire le don de ses fleurs à l'Aigle blessée de Waterloo ?...

WATERLOO. — 18 Juin 1815, *huit heures du soir.*

Le Maréchal Lyautey disait un jour, parlant de l'avenir du Maroc :
« Un but, un plan, des moyens. »

Ces trois mots, ces trois idées mères s'appliquent exactement à la vie et à l'œuvre du peintre MAURICE DUBOIS.

Découvrir à soi-même un horizon aux larges plaines où l'on puisse recevoir, grouper, manœuvrer ses moyens.

Organiser dans son esprit et son cœur tout un cortège de sentiments et d'images qui ne seront jamais trahis, quel qu'en soit le bon ou le mauvais sort.

Imposer à sa vie une discipline de travail inflexible.

Dès lors on peut marcher. Une existence animée d'un tel dessein ne saurait connaître la défaillance. Un artiste se voue à des fautes certaines, sinon à l'échec, s'il ne sait pas retirer du principal l'accessoire, pour le rejeter loin de lui.

Mais voici un homme qui ne s'est pas gaspillé, qui a concentré, ramassé en hauteur toutes ses forces, pour s'élancer vers un idéal, non avec l'orgueil d'y atteindre, mais avec l'espoir de le respirer de plus haut, de l'apercevoir de plus près.

Vers quelle ascension gigantesque le peintre MAURICE DUBOIS a-t-il exercé les ressources de son dur et fier talent ? D'abord, à célébrer la gloire de la France. Ce serait assez pour mobiliser les efforts de toute une vie.

Mais, entre deux tableaux de bataille, après la peinture d'un héros, l'inspiration du peintre s'est humanisée.

Les champs de mort se transforment. Autour de lui, dans le matin naissant, s'exalte la beauté des jardins. Une rose tremble sur sa tige, elle défaille ; verra-t-elle son dernier soir ?... L'artiste prend ses pinceaux : par le trait et par la couleur, et par le don de son âme, il suspend une minute l'agonie de la rose. Elle va mourir. Elle meurt... Mais la main s'arrête, le tableau est terminé, la rose est peinte, la rose revit pour toujours.

Hélas ! il y en eut une, naguère, qui parfumait cette maison accueillante... mais seuls les jardins du ciel ressuscitent ces roses là...

GEORGES D'ESPARBÈS.

Palais de Fontainebleau.

LE MONUMENT FRANÇAIS DE WATERLOO

Musée de l'Armée (Salle Waterloo)

L'Exposition Maurice Dubois

(*Le Journal.* Paris, 20 Juin 1927).

Dans notre temps de *bluff* cynique, de mystification intéressée et d'agressive ignorance, rien de rare, en n'importe quel art, comme un talent probe et sincère. Mais en peinture surtout, l'audace ou l'inconscience de certains barbouilleurs, soutenus par la malhonnêteté conjuguée des théoriciens sans vergogne et de marchands escrocs, relègue trop souvent dans l'ombre les artistes véritables.

Aussi est-ce une joie, une consolation, de voir le succès sourire à un peintre aussi loyal que MAURICE DUBOIS.

Certes, il ne craint aucune hardiesse, il ne méprise pas l'apport fourni depuis cinquante ou soixante ans par des chercheurs qui purent à leur époque déconcerter un public mal préparé à goûter la vraie bonne peinture, mais qui, même dans leurs tentatives les plus risquées, gardaient le respect du modèle et le fervent amour de la nature.

En parcourant l'Exposition MAURICE DUBOIS, on voit très bien comment ces grandes et fécondes influences ont nourri et progressivement élargi son tempérament. Aussi, à côté de petites toiles pimpantes qui brillent surtout par une légère virtuosité, on peut admirer des paysages qui sont de véritables poèmes, d'une extraordinaire largeur de facture et d'une force de sentiment exceptionnelle, comme par exemple : *L'Ancêtre* et *Symphonie d'Or.*

Il y a là cette manière savoureuse qui était celle des grands Flamands, cet amour jeune et vivant de la matière, des formes et des couleurs, une abondance de sève aussi qui décèlent le peintre-né.

Et à côté de ces paysages, il y a aussi des portraits singulièrement expressifs pour des toiles aussi minutieusement traitées. *La Jeune Fille à la Fourrure*, pour ne citer que celle-là, est d'une grâce pénétrante et qu'on n'oublie pas.

En résumé, un très beau peintre, avec tous les tons de la palette, et fait pour peindre ardemment, joyeusement, puissamment, comme l'oiseau est fait pour chanter.

EDOUARD HELSEY.

ROYAN. — " RAYONS DORÉS "

Maurice Dubois

L'HOMME ET L'ARTISTE

Je revois MAURICE DUBOIS dans le vaste rectangle de la cour ombreuse du Collège Girondin qu'emplissaient nos ébats de poulains ébroués. Il est de ces camarades dont l'image falote m'apparaît, quand je me tourne vers le miroir du Passé, comme figée dans la lumière diffuse d'une toile de Carrière. Ce sont des fantômes. MAURICE DUBOIS adolescent se dresse devant ma vision net, vivant, « sculpté » en arrêtes vives comme un portrait de Rembrandt et coloré à l'instar de ces infants d'Espagne campés par Velasquez. Après quarante-cinq années, je le revois avec ses yeux superbes où une goutte de lumière vibre dans le lac noir du regard : yeux sombres, profonds, legs probables d'hérédités arabes, tel qu'il était au fil de la quinzième année.

Au physique, sa crinière noire, ses pupilles noires se détachant sur un front large, bombé d'une belle matité, ses lèvres sensuelles, rouges comme deux moitiés de cerise juteuse, ont forgé mon souvenir.

Au moral, d'après certaines pages écrites au livre de la mémoire, je retrouve une intelligence claire, saine, une volonté parfois brutale dont les éclats sont estompés de bonté, une indépendance qui a des accès fougueux comme un vent d'orage.

Et le MAURICE DUBOIS artiste, peintre de paysages, de marines, de fleurs et de portraits, est resté le MAURICE DUBOIS des quinze ans, tel que je le ressuscite aujourd'hui.

La Vie, avec ses coups durs n'a pas eu de prise victorieuse sur ce bloc humain, n'a pas entamé ce caractère, solide, trempé dans le creuset d'une race millénaire de terriens, enracinés au sol de Guyenne, tordus au passage des tempêtes séculaires comme leurs ceps vigoureux, mais demeurés inébranlables sous la tornade. Le pessi-

MAURICE DUBOIS A 17 ANS

misme n'a point fait couler son vitriol dans les veines de MAURICE
DUBOIS. Son bel équilibre mental n'a jamais reçu l'assaut des formules
byzantines. Voué, dès sa prime jeunesse, au culte de la Beauté classique, il n'a jamais fait acte d'athéisme envers la divinité de l'art.
Il est resté l'amant passionné des formes harmonieuses, l'adorateur
respectueux de la ligne et, tout en restant de son époque, tout en
animant ses toiles du frisson de la vie moderne, il n'a jamais rien
sacrifié au snobisme, ni entr'ouvert les fenêtres de son atelier sur les
jardins artificiels de l'art décadent.

Des plumes plus autorisées que la mienne commentent ici l'œuvre
picturale de MAURICE DUBOIS. Je me suis uniquement promis d'extérioriser la personnalité de l'artiste, à l'usage de ceux qui, aimant le
peintre, voudront lier plus intimement connaissance avec l'homme.

*
* *

— Eh ! là-bas ! le Peintre?... Vous aurez deux heures d'arrêts.
On ne cause pas en étude?...

Cette voix qui retentissait en 1884 — voix d'outre-tombe n'est-ce
pas? — et qui sonne encore à mon oreille, est celle de l'abbé Denille,
tonitruant préfet des études du Collège, brave et rude homme, au
masque sévère et coloré, aux gestes larges déplaçant une masse d'air,
et qui semblait descendre d'un cadre de Téniers.

Le « Peintre » apostrophé était MAURICE DUBOIS, car, déjà, tout
le monde l'appelait le « Peintre ». Il avait quatorze ans, et, à ce
moment dramatique, il parlait à l'auteur de ces lignes qui, lui aussi,
était déjà journaliste et dirigeait un bulletin sportif : *Le Petit Stade*,
étouffé au troisième numéro dans l'étau des phalanges du terrible
préfet de police scolaire, et dont MAURICE DUBOIS était le Sem, le
Cham et le Japhet.

— Deux heures d'arrêts ! murmura le « Peintre » entre ses dents
éclatantes de jeune loup !... Ça m'est égal. C'est pas ça qui m'empêchera de dessiner. Et, à la récréation suivante, à l'abri de l'arbre du
supplice, le futur artiste, son crayon courant sur la piste blanche d'une
page d'album, croquait professeurs et élèves, tandis que nos balles
basques flagellaient dru le mur des buts.

VENISE

La vocation artistique avait tôt lancé son appel au jeune garçon et quand, à la fin de sa dernière année scolaire, alors que le « Peintre » s'était payé le luxe de rafler tous les premiers prix de sa classe, le choix d'une carrière devint impérieux, l'appel du pinceau se changea en clameur.

M. Dubois père, viticulteur et gros négociant en vins comme tout Bordelais qui ne veut pas déchoir, assied le jeune humaniste dans un confortable fauteuil de bureau. Mais il eût fallu enchaîner deux pieds à quatre pieds ! Avec la complicité de la maman, les évasions pour l'Ecole des Beaux-Arts de la cité de Rosa Bonheur se multiplient. Le génial artiste Maxime Lalanne, le savant technicien Albéric Dupuy, professeur de peinture à l'Ecole, qui fut condisciple du père, avec Mounet-Sully et Paul Mounet au Collège de Bergerac et qui, tous, sont les familiers de la maison, protègent le « Peintre » en qui ils ont découvert la petite flamme qui plus tard deviendra une torche ardente. Un jour, qui ne fut pas un beau jour, il y eut de la casse. M. Dubois père apprit les évasions. Il y eut une comparution pathétique devant le tribunal familial. Les avocats, Maxime Lalanne et Albéric Dupuy, ne réussirent point à enlever l'acquittement dans cette affaire de crime passionnel lèse-négoce. La passion artistique ne pouvait être une circonstance atténuante pour le prudent et probe viticulteur-négociant qui rêvait de laisser à son fils la belle situation commerciale qu'il lui avait préparée.

Et le verdict fut prononcé.

Le jeune Maurice devait immédiatement mettre le régiment entre lui et l'Ecole des Beaux-Arts et il s'engageait au 21ᵉ chasseurs à cheval à Limoges. La punition ne devait pas être plus opérante que la punition infligée quelques années auparavant par le préfet des études.

— Ça ne m'empêchera pas de dessiner ! s'était écrié le potache. Le régiment ne m'empêchera pas de peindre, avait-il dit, *in-petto*, en courbant la tête sous l'orage. Et s'il s'était engagé à Limoges, ç'avait été parce que Limoges possédait à cette époque — nous sommes en 1887 — une Ecole de peinture en renom.

Ses classes terminées, il s'y était fait inscrire, et, durant trois années, il avait travaillé avec frénésie, s'assimilant, sous la direction

ENFANT A LA CRINOLINE

de maîtres éminents qui l'affectionnaient, tous les secrets de la technique.

1890 ! Maurice Dubois s'est séparé de son fidèle alezan doré. Il vient de franchir l'huis du home familial. Son père tue le veau gras en son honneur, mais il n'a point dépouillé le vieil homme. Le colloque interrompu en 1887 est repris, et à l'instar du divin maître de l'Ecole Italienne, l'ex-chasseur à cheval s'écrie : *Anch' io sono pittore* !

— Tu seras négociant ! répartit le père.

C'est un Dubois qui parle à un Dubois. La volonté est d'un acier sans paille chez le père et le fils. Les deux électricités sont de même nom et se repoussent. L'étincelle de l'accord ne jaillit pas.

— Il n'y a jamais eu d'artistes dans ma famille, s'écrie à nouveau le père, et il n'y en aura jamais !...

La parole définitive était formulée. Chez les deux interlocuteurs la cristallisation était définitive.

— Eh bien, père, je partirai !...

Il partit !...

L'Italie l'avait tenté à l'Ecole des Beaux-Arts, mais il avait senti que la communion parfaite avec les chefs-d'œuvre des maîtres était incompatible avec les soucis de l'existence matérielle. Il voulait mettre le pied sur la terre sacrée, à la condition d'avoir la légèreté du chamois et il partit pour l'Amérique.

Il a vingt-deux ans. Son bagage était léger. Comme trésor, une soixantaine de toiles, mais le cerveau était lourd d'espérances. Le peintre était jeune et audacieux. La fortune l'aima et le favorisa. Un an plus tard, me disait-il, « je revenais en France avec cent billets ! » Ce retour s'effectua en novembre 1892. Le peintre débarquait à Sainte-Adresse chez Sarah-Bernhardt qui l'avait connu au cours d'une tournée triomphale et qui avait fort estimé le talent du jeune ami des Mounet. Il respire à pleins poumons l'air pur de ce paradis, se gave de beaux vers, et, libéré pour un temps des soucis matériels, n'ayant plus à faire le coup de poing, il peut vivre enfin son rêve dans la campagne romaine, profiter de ce « Prix de Rome » qu'il s'est gagné et jouir des plus belles richesses d'émotion.

ENFANT A L'ÉTUDE

En quittant Sainte-Adresse, et avant d'entreprendre son voyage d'Italie, MAURICE DUBOIS s'arrêta à Paris, le cerveau gonflé d'enthousiasme.

Il avait hâte d'obéir à l'aimantation qui se dégageait de ce foyer de l'art où, à son tour, il allait jeter sa bûche incandescente. Il lui tardait de se mêler aux allumeurs de flambeaux. Il arriva, il se joignit aux cohortes de jeunes peintres, regarda le spectacle avec ses yeux intelligents et, bientôt déçu, il comprit qu'il ne ramerait pas longtemps sur la galère. Le jeune artiste était, en effet, tombé en pleine bataille. La mare des Académistes recevait les coups de cailloux lancés par les Impressionnistes, et, à leur tour, les derniers rejetons de l'Ecole de David ripostaient en jetant un impitoyable interdit sur toutes les toiles que les « révolutionnaires », jamais lassés et certains du triomphe futur, envoyaient aux Salons Officiels.

MAURICE DUBOIS, qui n'avait pas encore fait les pèlerinages d'Italie et d'Espagne, mais qui était déjà un amant passionné de la lumière, ne se contentait pas, à l'instar des « Académiques », de peindre la couleur locale du sujet, mais de la traduire transposée dans la lumière qui l'enveloppe, subit immédiatement l'attirance des Impressionnistes. Cette influence des Manet, Renoir, Pissaro, Claude Monet et autres ne devait s'exercer réellement que plus tard sur le jeune artiste, mais il était déjà dans le sillage. On comprend, dès lors, comment il ne s'accommodait que bien malaisément de ses contacts avec les pontifes de l'Académie, dont, en ce temps-là, M. Bonnat était l'archidruide, sacrifiant impitoyablement sur l'autel des honneurs tous ceux qu'il considérait comme des hérétiques.

Toutes les faveurs étaient monopolisées par les «Bayonnais», ainsi qu'on désignait les élèves et thurifaires de l'homme des Basses-Pyrénées.

MAURICE DUBOIS jugea l'air trop lourd. Réfractaire à l'intrigue, n'ayant jamais su porter la cassolette d'encens, il secoua, un beau jour, ses sandales sur le parvis de l'Ecole des Beaux-Arts et partit pour la campagne romaine.

Il demeura en Italie pendant deux ans. Son talent déjà vigoureux s'affine. Il scrute les toiles des maîtres avec une application minutieuse.

TÊTE D'ENFANT

Florence l'attire et le fixe durant quelques mois. Il gardera de ce séjour une empreinte ineffaçable, de même que de Venise.

L'Espagne séduisit ensuite ce pèlerin passionné de l'Art. Il en revient le regard ébloui de lumière et de couleurs. MAURICE DUBOIS a donc communié intimement avec les maîtres italiens et espagnols. Il lui reste à faire cohabiter sa pensée et sa vision avec les maîtres flamands.

En 1895, nous retrouvons MAURICE DUBOIS à Bruxelles. Avant d'y installer son chevalet, il a fait le tour des musées. Il a communié fervemment avec les grands maîtres flamands et, quand il a terminé ses visites aux artistes du Passé, il vient regarder les œuvres des contemporains.

Le jeune peintre, hors de sa patrie, loin de ses parents et de ses amis, est émerveillé de l'accueil qui lui est fait. Aujourd'hui encore, il nous parlera avec émotion de la franchise des clairs regards qui se croisèrent sur les siens, de la sincérité de l'étreinte des mains qui pressèrent les siennes.

Ici, la Cabale des « Bayonnais » ne sévissait pas. Aucun pontife ne prêchait un dogme intangible. On cherchait, on travaillait, on s'enthousiasmait.

Cette première période bruxelloise, qui fut suivie d'autres périodes sur lesquelles le cadre de cette simple esquisse ne me permet pas de m'appesantir, fut une période féconde pour MAURICE DUBOIS. Il se lie avec Jules Verlat, Emile Verbrugge, James Ensor, Constantin Meunier, Jef Lambeau, Willem Delsaux, Emile Hœterickx et Jean Colin, qui lui accordent leur fraternelle sympathie. Il devient le familier de Georges Rodenbach, Camille Lemonnier, Emile Verhaeren et d'Yvan Gilkin, qui aiment son tempérament artistique, sa fougue, sa franchise et sa générosité. Mais ce sont surtout les peintres qu'il fréquenta assidûment.

Le spectacle pictural est ici tout différent de celui qu'il considéra à Paris. A Bruxelles, les peintres impressionnistes ne sont pas des « fauves » et la réplique professorale d'un Bonnat n'existe pas. Non seulement les peintres, mais encore les critiques et les experts officiels sont épris de la facture impressionniste. Claude Monet, Degas,

TOUJOURS LE RÊVE!...

Renoir, Manet, Sisley, sont considérés comme des Dieux. MAURICE
DUBOIS subit fortement l'emprise des peintres belges de cette époque.
Il fait abstraction complète de sa première manière. Il conserve son
culte de la ligne, son respect du dessin, mais il devient enthousiaste
de la couleur. Il comprend que le « fignolage » de la peinture léchée
annihile l'inspiration, et il se met à peindre à touches larges, jetant
la couleur d'un seul jet, plaquant des tonalités fougueuses et réussit
à acquérir une technique audacieuse qui lui permet de réaliser une
œuvre robuste traduisant pleinement sa vision.

Au cours des très intéressantes conversations que j'eus avec MAU-
RICE DUBOIS, dans son atelier, le peintre me dit souvent tout ce qu'il
dût, en cette première période bruxelloise, à son ami Jean Colin, l'un
des peintres les plus représentatifs de l'école belge contemporaine.

Jean Colin, fervent de la couleur, travaillant en pleine pâte, encou-
ragea l'artiste à suivre sa voie nouvelle, à secouer complètement le
joug académique, à être « soi » avant tout et à faire « vivant ».

L'influence du bel artiste qu'est Jean Colin sur MAURICE DUBOIS
fut tout à fait heureuse et celui-ci, qui est resté son admirateur, ne
nous a pas caché toute la gratitude qu'il devait à celui-là.

La technique des peintres belges eut donc une emprise importante sur la technique de MAURICE DUBOIS, mais l'artiste demeure
essentiellement français par la pensée, par l'orientation idéaliste, et,
somme toute, par la composition dont il a le plus grand souci.

MAURICE DUBOIS, peintre réaliste, pinceau puissant, est, ainsi
qu'on peut le constater en regardant ses toiles importantes, un grand
idéaliste. Ses tableaux sont toujours évocateurs. La gaze transparente
de la lumière recouvre toujours une idée. Il y a du mystère sous les
empâtements, au milieu des jeux subtils des valeurs et l'équilibre des
volumes.

L'ensemble donne le choc à une pensée, ou à une émotion. Certaines de ses toiles me font penser à un poème de Valéry.

C'est de l'impressionnisme dans la plus esthétique acception du
mot.

En 1898, il se marie à Bruxelles avec celle qui est restée la compagne la plus aimante, la plus compréhensive et la plus dévouée, et

A la recherche d'une Composition (Deux Croquis de M. Dubois).

LA MORT DU TROMPETTE (1ᵉʳ Jet)

LA MORT DU TROMPETTE (2ᵉ Jet)

fonde un riant foyer qui, hélas, quelques années plus tard devait
être douloureusement dévasté...

Il fréquente assidûment l'Ambassade de France et il est de
toutes les manifestations organisées pour entretenir et accroître
l'amitié franco-belge. Et ce fut à la suite des nombreux services
qu'il avait rendus à la cause française que M. Klobukowski,
ministre plénipotentiaire, demanda pour l'artiste la croix de la
Légion d'honneur. Les ministres proposent mais ne disposent
pas. Et MAURICE DUBOIS attend depuis 1910 la récompense qui lui
est dûe. Nous sommes en 1927. Je n'insiste pas !...

Il expose dans les Salons bruxellois et au Cercle Artistique et Litté-
raire, où il compte parmi les membres les plus en vue. Il fait partie
des Jurys d'Exposition et sa situation artistique et mondaine était
des plus enviables quand l'ouragan de la Grande Guerre se déchaîna.

MAURICE DUBOIS ferme aussitôt son atelier et répond présent à
l'appel du pays. Le Peintre patriote fera son devoir. A trois reprises,
il va au front comme peintre attaché aux armées, et son pinceau ardent,
vengeur, enfiévré, objectivera sur la toile des impressions grandioses
où l'on sent courir le vent tragique de la tourmente, où seront traduits
de nobles idées et de prestidigieux symboles. Parmi ces toiles, je citerai : *L'Exode, Les Sans-Foyers, Sous la botte allemande, L'Outrage,
Qu'ils y viennent, Sunt lacrymæ rerum, Les Marais de Saint-Gond,
Le Retour à la Terre, L'autre Tranchée, Les deux Sacrifices, T'en fais
pas, Mère !... On les aura !* etc., etc.

Le sol de France et de Belgique ne frémit plus. Il n'y a plus que
des ruines qui parlent. MAURICE DUBOIS retourne à Bruxelles (janvier
1919). Son hôtel a été occupé par les Allemands, saccagé, pillé. Le
peintre constate, une fois de plus, que « les choses ont des larmes »,
et, avec sa vaillante compagne, il décide de se fixer en France défini-
tivement.

Et c'est l'achat de la villa du Vésinet.

Le « home » du peintre, transformé de fond en comble d'après ses
plans, est véritablement « la maison de l'artiste ». Tout y parle à
l'imagination, tout y est reposoir pour le rêve. Les arbres, les conifères
rares qui offrent au pinceau du maître la gamme complète des verts,

UN CROQUIS DE MAURICE DUBOIS
POUR SON TABLEAU " L'OUTRAGE "

ont été transportés dans cet oasis par un choix amoureusement,
savamment médité ! La collection des fleurs est merveilleuse. La roseraie en particulier est, à la saison florale, une suite d'éblouissements
et chante en tonalités prestigieuses comme un orgue où l'on jouerait
des suites de Beethoven ou de Schumann.

C'est dans cette villa que MAURICE DUBOIS, homme de travail,
homme de foyer, passe la plus grande partie de son existence laborieuse,
écoulant le sablier des heures entre son chevalet et sa bibliothèque.
Amateur des vers sonores et des proses solides, il affectionne surtout
les penseurs. Un jour, je l'ai surpris dévorant, comme un fruit savou-
reux, les *Grands Initiés* d'Edouard Schuré, et l'artiste, ordinaire-
ment silencieux, avare de mots, me commenta avec une admirable
élévation de pensée ces pages mirifiques dans lesquelles vibrent les
grands secrets...

Chez lui, l'homme est le décalque parfait de l'artiste. La probité de
sa peinture, la franchise de sa touche puissante ont pour réplique la
probité de sa vie, la franchise de sa parole. Il est généreux sans osten-
tation. Sa bonté est, pour lui, chose pudique, et un jour, comme
on l'invitait devant moi à signer une bonne action, il répondit, de
tac-au-tac, à la visiteuse qui venait de le solliciter pour une œuvre :

« — Je ne signerai rien !.... Mon nom, chère Madame, ne doit
se trouver que sur mes toiles ; là seulement, il est bien placé ! »

MAURICE DUBOIS a conservé tous ses amis de jeunesse et il s'en
est fait d'autres, à une époque où l'on doit s'estimer favorisé des
dieux, en réussissant à se faire seulement des camarades sûrs. Sa
maison est ouverte largement à ces amis. C'est la « Maison du Sage »
comme dirait Louis Artus, du sage qui sait sourire et qui, malgré
les blessures de la vie, n'a contre celle-ci aucune haine et estime qu'elle
vaut la peine d'être vécue parce que, s'il y a de la souffrance dans la
vie, il y a aussi de la beauté, de l'amour et de la bonté !

Et c'est aussi pourquoi ses intimes lui continuent un commerce
fidèle et entourent du même attachement, du même culte, et l'homme
et l'artiste.

ERNEST DUPONT,
Homme de lettres, Rédacteur en chef de L'Avenir,
Membre de l'Association des Journalistes départementaux.

CROQUIS DE MAURICE DUBOIS PAR LUI-MÊME

L'Exposition Maurice Dubois
AU VÉSINET

PORTRAITS - PAYSAGES - FLEURS - MARINES

Le Républicain de Seine-et-Oise
(VERSAILLES, 25 JUIN 1927).

Le peintre MAURICE DUBOIS vient de nous convier, pour la seconde fois, à visiter son Exposition annuelle du Vésinet. Nous avons dit, à cette même place, le gros succès obtenu par celle de l'an passé. Le bulletin de victoire se traduisit par plus de huit cents entrées et par l'exode, vers les galeries cotées d'amateurs de New-York, Londres, Paris, de la plus grande partie des toiles exposées.

Je parlais, ces jours derniers, de ce succès à divers artistes, qui ne purent céler et leur étonnement et leur satisfaction en présence d'un résultat qu'ils qualifiaient de « merveilleux ».

Qui eût pu se douter, en effet, qu'en faisant table rase de tous les artifices de la publicité, un artiste ait réussi à drainer, à une demi-heure de Paris, dans son propre atelier, un flot aussi important de visiteurs !

Rarement un résultat apporta plus de réconfort à ceux qui, dans les batailles de l'art avec le « business » désespéraient de voir triompher quelquefois l'effort individualiste.

Voilà un exemple qui devrait être suivi, me disait l'un de mes interlocuteurs. MAURICE DUBOIS a tracé un sillon où il faut marcher. En tout état de cause son initiative d'artiste est d'un intérêt puissant et ne saurait être assez encouragée.

Et ce sont les nombreuses amitiés nouvelles, nées à l'occasion de sa belle exposition de 1926 qui ont décidé Maurice Dubois à ouvrir, à nouveau en juin, les portes de son atelier.

(Photo Vizzavona, Paris)

UN COIN DE L'ATELIER MAURICE DUBOIS, AU VÉSINET

La dernière fois que je vis le grand et probe artiste, il y a quelques mois, comme le soir tombait, il besognait devant une toile où un portrait commençait à vivre. Il jeta son pinceau d'un geste rapide, me tendit les mains et de sa voix sonore il me clama :

— Ça ! c'est de la charité ! Salut au libérateur !

— Sais-tu, ajouta-t-il, que tu me délivres? Il est bientôt 7 heures du soir, un quart d'heure a été pris pour nourrir l'animal, ajoute les secondes que nécessite l'habillage d'une douzaine de cigarettes et tu te rendras compte du « boulot » en songeant que je suis ici depuis 5 heures du matin. J'ai pétri de la matière comme un boulanger, à pleins bras !

Et comme je lui parlais de la préparation de son exposition, il répartit, sur un ton mineur :

— Oui, évidemment, il y a ça !... mais il y a surtout autre chose... j'ai besoin de me jeter au travail comme on se jette à l'eau quand on veut se noyer. La pensée de l'Exposition est le prétexte apparent, mais il y a l'autre pensée, la pensée obsédante qui vous mord comme le renard du Spartiate, la pensée qui vous creuse le cerveau comme un acide et qui y dessine une vision douloureuse, imprimée à l'eau forte... Tu m'as compris, mon vieux !...

Dans ses grands et beaux yeux noirs, la goutte de lumière s'obscurcissait. Et il y eut entre nous deux une minute de silence, la minute de recueillement, devant une ombre chère que l'on sentait invisible mais présente et frôleuse...

Oui, j'avais compris !... Quelques semaines à peine s'étaient égrenées sur la journée de la grande épreuve. Au retour des vacances de 1926 à Royan, où le peintre avait travaillé en pleine joie, devant la mer, sa fille aînée dont il avait exposé le portrait au Salon de la Nationale, charmante et fraîche créature de vingt ans, admirable plante humaine qui était partie pour la conquête du bonheur, était enlevée, brutalement, en quarante-huit heures, par la sombre faucheuse. Elle aussi, avait vécu ce que vivent les roses !...

Et le peintre pétrissait la couleur, follement, éperdument, à pleins bras, comme il venait de me le crier, pour voler quelques heures à sa méditation douloureuse...

" JEUNE FILLE A LA FOURRURE "
PORTRAIT DE Mlle MARTHE DUBOIS

LES PORTRAITS

L'exposition à laquelle nous a conviés MAURICE DUBOIS, cette année, est plus importante que la précédente. En outre des paysages, des fleurs et des marines, on y voit sept portraits dans lesquels l'artiste met en plein relief son talent de peintre de la figure.

Nous, ses amis, nous savions qu'il avait souvent le portrait sur son chevalet. De grands industriels, des hommes politiques, des patriciennes sont passés dans son atelier et ont été fixés sur la toile par son pinceau, mais aucun de ces tableaux n'est resté chez le peintre.

Les portraits exposés aujourd'hui, au nombre de sept, sont ceux de ses filles : celui de la chère disparue à laquelle il a voulu rendre hommage et celui de sa fille cadette.

Le panneau central en contient trois dédiés au souvenir douloureux.

C'est *l'Amori et dolori sacrum* de l'artiste. Ces portraits s'intitulent : *La Jeune Fille à la Fourrure, Un Amour de Bébé, Le Repos de la Cigale.*

La Jeune Fille à la Fourrure est le plus important des trois. Le peintre venait d'y jeter les dernières touches quand le vent du malheur passa sur son foyer. Le portrait est traité avec cette fougue mitigée de délicatesse qui est la caractéristique de la manière de l'artiste. Revêtue d'un magnifique manteau de loutre d'un noir puissant, casquée d'un béret esthétiquement chiffonné, la jeune fille laisse deviner la souplesse du corps, la gracilité des lignes, et les tons de la chair éclatent nacrés, veloutés et doux comme les pétales d'une rose blanche.

Le visage finement modelé dégage une joliesse captivante. La fleur du sourire est posée sur l'arc des lèvres et toute la vie intérieure du sujet est dans ce sourire si délicatement matérialisé. C'est une perle de jeunesse qui jette sa clarté sur un écrin en fond de grisaille. La science du dessin et celle des valeurs, la puissance de la technique, font de ce portrait un tableau ravissant.

Dans *Un Amour de Bébé*, nous retrouvons la jeune fille à un an. Ce gentil petit médaillon est traité comme une étude de fleur. De la rosée semble être tombée du pinceau avec de la poussière rose, tant la matière est finement triturée, le tout caressé par un rais d'aurore. Et sur ce rayonnement, l'ombre épaisse de la chevelure qui bat ces tons blancs, roses et blonds de ses boucles noires toutes palpitantes... Ce

"UN AMOUR DE BÉBÉ"

PORTRAIT DE Mlle M. D. A UN AN

contraste de tons, cette superposition de tons en autonomie complète, est des plus heureux et des mieux réussis.

Le Repos de la Cigale est un gentil portrait que l'artiste brossa l'été dernier à Royan et dans lequel il donna libre cours à sa fantaisie. C'est léger, pimpant, aérien dirait-on !...

Dans le panneau de droite, une œuvre très importante sort du cadre : C'est l'*Infante au Balcon* où l'artiste a représenté sa fille cadette en costume d'espagnole. Le peintre avait gardé d'un séjour à Séville le souvenir d'une exquise vision de jeune fille faisant partie de la famille amie qui le recevait. Il avait noté sur un album le croquis en couleur de cette juvénile apparition enveloppée d'air tiède et lumineux et il l'avait oubliée. Un jour, alors que nous lisions ensemble un poème du *Jardin de l'Infante* les vers sonores et harmonieux d'Albert Samain éveillèrent le souvenir endormi. Et l'idée vint à MAURICE DUBOIS de transposer du jardin Sévillan au parc du Vésinet la vision esthétique qui à nouveau s'imposait à son regard. Il peignit alors l'*Infante au Balcon*.

La silhouette de la fraîche adolescente, gentiment campée, se détache sur le plan aérien, dans une translucide ambiance. La robe à crinoline rutile sous la caresse chaude des cadmiums qui se marient harmonieusement avec les verts émeraude. Les lignes fines de la figure, d'une pâte légère, modelées en touches délicates, sont encadrées dans l'enveloppement d'une mantille noire qui complète l'accord suave des tonalités. Ce tableau est d'une technique puissante et d'une fort jolie composition.

La jeune fille du peintre a posé pour un autre portrait intitulé *Espièglerie*.

Le coup de pinceau apparaît là désinvolte et rapide comme un coup de raquette. Le corps est gaîné dans une toilette de soie aux tonalités roses. L'étoffe est avivée à touches larges et lance des reflets qui captent les yeux ravis.

L'ensemble se détache dans un fond de jardin et l'œuvre est illuminée par l'expression du visage toute vibrante de vie et laisse deviner qu'un essaim de rêves printaniers voltigent autour de l'adolescente dans une atmosphère d'enjouement.

Dans le panneau de gauche se trouve, dans le centre, une autre

PORTRAIT DE Mlle GABY DUBOIS

œuvre d'importance : *La Cigale et la Fourmi*. C'est un sujet de plein air, où les deux filles du peintre sont représentées. Ce tableau se différencie des précédents en ce sens que le peintre a sacrifié au caractère décoratif, dans le goût de certains maîtres du dix-huitième siècle, mais dans la note moderne.

L'atmosphère d'un paysage d'automne baigne tout l'ensemble du tableau. Dans un temple de l'Amour sis en un coin du parc de la propriété de l'artiste, la Cigale, travestie en espagnole, chante, adossée à l'une des colonnes, en s'accompagnant de la guitare. Sur une marche, est assise la Fourmi, vêtue en bohémienne, la quenouille à la main et filant la laine, tandis que sa pensée file à son tour et semble matérialiser la trame d'un rêve.

Ce tableau est suggestif, de délicieuse manière. Ce n'est point le sujet de la fable célèbre qui s'impose à l'esprit, mais un autre. La Cigale n'est pas encore victime de la saison hostile : elle ne mendie aucune miette et la Fourmi ne cultive point en cette minute la passion avaricieuse.

Le chant de sa voisine, qui s'éparpille dans l'air automnal, lui suggère les idées d'un autre ordre : elle a l'intuition des joies inconnues et comparant la route que la camarade poursuit, elle reçoit l'assaut des désirs chassés, qui reviennent et se vengent, se cristallisant en des regrets lancinants. Car le temple de l'Amour impose sa hantise. Cette toile est brossée en des accords de tons qui sont réellement charmants, où se dégage un sentiment d'exquise sensibilité, et où on ne saurait percevoir la moindre faiblesse.

Une sensibilité servie par une rare pénétration de psychologue et un art très sûr de rendre sur la toile les apports de cette sensibilité, telle est, d'ailleurs, la caractéristique du talent de MAURICE DUBOIS, portraitiste.

L'artiste n'est pas le monsieur qui dit à son modèle : « Placez-vous là, prenez telle attitude et ne bougez plus ! » Ça c'est de la photo picturale. La « pose » n'a jamais été admise devant son chevalet. A l'instar de Reynolds qui disait volontiers : « Moi, je ne regarde pas la tête de mon modèle, mais ce qu'il y a dedans ! » MAURICE DUBOIS a horreur de la copie, fût-elle impeccable. Pour lui, la reproduction des

PORTRAITS DE Mlles MARTHE ET GABY DUBOIS

traits compte évidemment, car sans un dessin fidèle il n'y aurait pas
de portrait possible, mais l'expression qui fera vivre ce dessin est la
chose qui importe d'abord, la chose souveraine. Le reste, il le consi-
dère comme étant de l'accessoire. Je me souviens à ce propos que,
peu de mois avant l'apparition du tableau tapageur de Van Dongen,
un ami commun avait eu l'initiative de mettre MAURICE DUBOIS en
contact avec Anatole France et d'obtenir de celui-ci qu'il se fasse por-
traicturer par celui-là. « La seule difficulté, disait cet ami, c'est que
France est tout à fait réfractaire à la pose. Il faudra vous résigner à
jeter votre dessin en coup de vent ». MAURICE DUBOIS répondit :
« J'ai vu quelquefois Anatole France, mais je l'ai surtout vu beaucoup
de fois dans ses livres. Un entretien de cinq minutes, répété à deux
ou trois reprises et puis je relirai la « *Rôtisserie* »... Cela me suffira ! »

L'ami partit en Amérique et l'affaire n'eut pas de suite, mais cette
petite anecdote suffit pour illustrer ce que je viens d'écrire.

Les portraits de MAURICE DUBOIS reflètent en conséquence, de
saisissante façon, la vie intérieure du modèle. Ils ne sont pas seulement des portraits « ressemblants », ils sont aussi des portraits « par-
lants ». Avant l'ouverture de la présente exposition, un camarade de
presse était venu, en ma compagnie, voir la collection de portraits.
Devant l'ovale représentant la fille cadette de l'artiste, que le visiteur
ne connaissait nullement et n'avait jamais vue, il se mit à s'exclamer :
« Oh ! la jolie petite espiègle ! » Le peintre et moi-même ne pûmes
réprimer un sourire.

— Ah ! vous me faites vraiment plaisir ! : se récria l'artiste voyez
en effet !...

Et sa main, prenant dans le tiroir de sa table le cartel destiné à
l'ovale, il présenta l'objet au visiteur. Le cartel portait ce seul mot :
Espièglerie.

LES PAYSAGES

Quittons maintenant le coin des portraits où l'artiste nous a fait
admirer, en plus de ses dons de psychologue, la sureté de son métier,
acquise par quarante-trois années de travail, sa touche classique, saine-
ment et intelligemment modernisée, amoureuse des belles pâtes onc-
tueusement appliquées, et continuons la promenade de nos regards en

SYMPHONIE D'OR

suivant la voie du catalogue. La *Symphonie d'Or* étincelle comme un
reposoir dont les ors multipliés chantent un hymne lumineux. C'est
une immense drêve de charmes, vue et peinte par une belle journée
d'automne, et le soleil crible les feuillages de ses rayons. On a la sensa-
tion d'un *tutti* de jaunes allant des plus clairs aux plus foncés, où joue
toute la gamme des cadmiums. Devant ce tableau, on se trouve tout
de suite en état de grâce artistique. La toile, où le pinceau du peintre,
telle une raquette, a envoyé çà et là les balles lumineuses en touches
précises, au milieu des ombres qui, elles-mêmes, sont encore de la
luminosité, sera considérée comme l'un des joyaux de cette exposition.
Il s'en dégage une émotion à la fois mystique et païenne, comme celle
qui vous envahit l'âme à la lecture de tel poème de Mme Anna de
Noailles...

L'Ancêtre, œuvre robuste, fait valoir la gracilité picturale de la
toile dont je viens de parler.

C'est le géant de la forêt, le chêne qui règne sur le royaume forestier
et dont les branches harmonieuses se mirent dans un étang en un mouvement d'éternelle jeunesse.

M. Paul Bourget, qui nous parle souvent du chêne centenaire à
l'ombre duquel son maître, M. Taine, se plaisait à cristalliser ses pensées
philosophiques, cueillerait une joie esthétique devant ce tableau.

Deux autres toiles attestent encore plus intensément la puissance
d'exécution et le don d'évocation philosophique de Maurice Dubois.
Ce sont : *L'Autre Tranchée* et les *Marais de Saint-Gond*. Ces deux
œuvres importantes faisaient partie de l'exposition de 1926. L'artiste,
jusqu'à présent, s'est refusé obstinément à les céder aux amateurs.
Il les a brossées, en effet, aux heures où nos oreilles étaient encore
emplies par le tumulte tragique de la grande tourmente et il y a déposé
des richesses de cœur encore plus précieuses à ses yeux que les richesses
de son talent. Les visiteurs prolongeront, sans nul doute, leur station
devant ces tableaux.

LES FLEURS

Jetons maintenant un coup d'œil à la roseraie de Maurice Dubois
— je parle, bien entendu, de sa roseraie picturale — l'autre (celle du
« Paradou » où « tous les rosiers portent roses au beau mois de mai »,

L'AUTRE TRANCHÉE

comme dit le vieil air qui se chantait au temps où l'on ne dansait pas le charleston devant les portraits des ancêtres ni sur les toiles des esthéticiens du cubisme encore à naître) est la roseraie extérieure. Celle-ci a posé pour celle-là, au caprice du vent, au caprice de la lumière.

L'an passé, l'exposition des « portraits de roses » avait été fort copieuse et son succès avait été extraordinaire. Je ne crois pas formuler un jugement téméraire en disant que pas un de ces ovales ou de ces carrés en lesquels les roses étaient enchâssées n'est resté dans l'atelier du peintre. Tout a été cueilli à main pleines par les amateurs ravis...

Cette année, la roseraie extérieure a encore produit une charmante floraison picturale.

Tous les ans, il en sera ainsi, me disait Maurice Dubois. La peinture de la fleur, croyez-moi, cher ami, ajoutait-il, est le plus cher de mes délassements. La grosse machine est œuvrée dans la joie, assurément, mais aussi dans l'effort. Tout enfantement est douloureux. La fleur, c'est le travail dans la douceur, dans l'enchantement. C'est comme un jardin de rêves que l'on cultiverait. Pour moi, c'est le sonnet ou la ballade du poète après le poème lyrique monté sur des alexandrins c'est l'ariette d'un petit maître du clavier après l'ouragan wagnerien ou, si vous préférez une comparaison d'un autre ordre, mais que je tiens pour aussi exacte, c'est la cigarette orientale après la « bouffarde » où l'on a brûlé du gros tabac de troupier.

Et l'on sent avec quelle ferveur d'amoureux passionné Maurice Dubois fait revivre les roses sous sa palette. Il les adore toutes d'un amour égal. Son regard a un harem de beautés semblablement chéries et je vous défie, quand vous êtes placé devant ces bouquets de roses dont pas un ne se ressemble, de proclamer l'élu de votre choix et de dire : « Ce bouquet est le plus beau et le mieux réussi ».

Prenez les tous : *L'Écrin des Roses, Le Poème des Roses, L'Ame des Roses, Frissons de Roses, Voluptés florales, La Chanson des Roses,* et faites l'expérience. Elle sera concluante.

Toutes ces roses enlacées vivent et charment. Les groupements sont harmonieux et de prestigieuses tonalités, allant des rouges ponceau aux roses tendres, en passant par les rouges vifs, les rouges san-

ROYAN. — " EFFET DE VAGUE "

glants, et toutes ces gammes rosatiques chantent sur une pâte suave,
d'une exquise fraîcheur.

En un mot, la roseraie picturale de MAURICE DUBOIS est la plus
esthétique réplique qui puisse être faite à la roseraie de son « Paradou ».

LES MARINES

Et voici les marines !

La vision de ces toiles, toutes importantes, passionnera beaucoup
d'amateurs. Ces sujets, qui sont particulièrement chers à l'artiste,
tiennent une grande place dans l'Exposition de la villa Eugène Delacroix. Leur exécution révèle mieux que tout ce que l'on pourrait écrire
la souplesse admirable du talent de MAURICE DUBOIS, l'acuité de son
regard, la virtuosité avec laquelle sa touche savante réussit à saisir
l'insaisissable, à palper, si l'on peut dire, ce qui est impalpable. Réussir
un bouquet de fleurs est à la portée de beaucoup de peintres. La réus-
site d'une marine est le lot d'un très petit nombre de privilégiés. Le
profane, celui qui ne s'est jamais colleté avec la difficulté, celui qui n'a
jamais assisté aux luttes du peintre avec la vague qui surgit, s'étale et
se meurt en une fraction de seconde, ne peut imaginer la souffrance
réelle, ressentie par l'artiste devant l'adversaire fugace qu'il s'est déter-
miné à vaincre... J'ai vu MAURICE DUBOIS installé devant les rochers
de Vallières, face à face de l'assaut incessant donné à la grande côte,
guettant, tel un chasseur, le passage favorable de la lame pour fixer
celle-ci et lui attribuer la coloration exacte, le mouvement précis :
coloration et mouvement qui doivent être « ceci » et non « cela ».
Que de fois ai-je entendu la plainte de l'artiste exhalant son artistique
tourment ou son cri de triomphe quand il avait gagné la bataille.
— Tu crois, toi, que ce n'est rien de faire une vague, me disait-il un
jour !... mais c'est un travail herculéen, mon vieux ! Une vague, c'est
impondérable, hein ! Eh bien, celle-ci — et il me montrait au loin une
vague superbe, bondissant comme une cavale sur le gazon de Chantilly,
onduleuse, souple et majestueuse — oui, celle-ci... Tu ne croirais pas
qu'elle met cent kilos au bout de mon pinceau?... Et puis, essaie de
la retrouver maintenant?...

« Rappelles-toi cette phrase épatante du Nouveau Testament que
l'on nous citait au Collège, notre cher et vieux Collège de Saint-André

ROYAN. — "LA CARESSE AUX ROCHERS"

de Cubzac : *Transiit et ecce non erat.* Oui : « La vague passe et elle n'est déjà plus ! » Veux-tu parier que, de toute la journée, je n'aurai pas la chance de repérer une vague aussi magnifique que celle-là ?... » Et Maurice Dubois me disait aussi, en ce temps-là, un de ses désirs, désir réalisé m'assurait-il, quelque part sur la côte bretonne, par un peintre anglo-saxon qui s'était fait ériger contre une falaise une cage de verre, sorte de vaste bocal à poissons, en laquelle il s'installait à l'heure de la marée montante et où, hermétiquemens emprisonné, il faisait, dans des conditions d'observation merveilleuses, son métier de chasseur de vagues.

On peut classer les marines de Maurice Dubois en trois catégories : *Les Études de grands mouvements, les Études d'harmonies, les Scènes de Plage.*

Parmi les études de grands mouvements, le regard du visiteur est tout de suite capté par les toiles suivantes : *L'Assaut de la Vague, La Vague brisée, Effet de Vague, Vague en furie, Vague au Clair de Lune, Rayons dorés, La Caresse aux Rochers, Dernières Flambées sur la Mer,* et enfin, *In Gurgite vasto,* ce morceau superbe d'un si vibrant lyrisme pictural qui traduit si bellement le vers de l'*Enéide...*

L'âme ardente, passionnée, de Maurice Dubois anime puissamment toutes ces études de grands mouvements. La touche de couleur s'abat farouche et fait palpiter les volumes âprement dessinés. Tous les grands amants de la mer, tous ceux qui l'ont comprise avec intensité : un Farrère, un Falk, un Larrouy, par exemple, cueilleront dans ces tableaux de splendides associations d'images ressuscitant telles minutes de leurs croisières...

Devant l'*Assaut de la Vague* et *La Vague brisée* ces vers du poète Eugène Figuière chantaient dans ma mémoire :

> *Contempler sur la grève une écume orgueilleuse*
> *En tumulte bondir contre les rochers noirs,*
> *Blanche et bleue sous le dôme écarlate des soirs ;*
> *Voir l'écume des mers s'écraser furieuse ;*
> *S'écraser et bondir et se garnir de franges,*
> *Bondir du fond du golfe et mourir en bramant,*
> *Et pénétrer en soi, doucement, doucement*
> *Avec un frêle bruit pareil au vol des anges...*

VALLIÈRES. — " LA VAGUE BRISÉE "

Ces marines sont, en effet, de véritables poèmes aussi bien que celles que composent les études d'harmonies, parmi lesquelles je citerai avec enthousiasme : *Effet de Matin, Calme plat, Lever de Lune, Le Grain, Effet de Brouillard, Les Embruns, L'Aube, Effet de Pluie, Les Moutons, Marée haute au Crépuscule, Le Coucher de la Lune.*

Ces titres suffisent, n'est-il pas vrai, pour attester la diversité de ces marines : on peut dire que le peintre a vu la mer sous tous ses aspects, qu'il a feuilleté, étudié, page par page, le livre où elle a étalé tous ses visages, toutes ses attitudes, toutes ses colorations. Le visiteur remarque la différence de diapason pictural dans lequel les grands mouvements, d'une part, et les études d'harmonies, de l'autre, ont été traités.

Chaque toile est dans la gamme qui lui convient. Ici c'est la phrase dramatique d'un Wagner ou d'un Lalo, brutale, véhémente, qui déchaîne son tumulte ; là, c'est la sonate d'un Chopin, un chant matinal de Gabriel Fauré ou un rêve de Raynaldo Hahn. Ce contraste stupéfiant vous ferait vous demander si c'est bien le même regard, la même main, le même cerveau créateur qui ont enfanté des œuvres d'inspiration et de technique différentes ; si, dans chacune, l'imprégnation spirituelle de l'artiste, encore plus agissante que sa signature, n'en décelait pas la paternité.

Un jour, comme un peintre louait MAURICE DUBOIS de la souplesse de sa technique, de son adaptation immédiate au sujet, notre ami répondit modestement :

— Mais, je n'ai aucun mérite à cela : ce n'est pas ma technique que j'impose à mon sujet, c'est mon sujet qui me l'impose à moi-même. Un déclic mystérieux s'opère dans mon cerveau et ma main obéissante n'a plus qu'à agir....

Et ce mot me remémore un mot identique de Van Gogh, le puissant et subtil peintre hollandais dont quatre tableaux se trouvent au Musée Rodin, disant que sa sensibilité était si aiguë que sa technique lui était inspirée naturellement par l'objet de sa vision.

LES SCÈNES DE PLAGE

Les « Scènes de plage » composent une galerie picturale à part. Ici, MAURICE DUBOIS nous dévoile une autre face de son talent. Au peintre

" L'APPEL DU LARGE "

puissant, au poète inspiré, transposant ses états d'âme dans ceux de la nature, succède le peintre historiographe de la vie des plages.

Les toiles intitulées : *Farandole Bleue*, les *Trois Gracieuses*, *Fleurs de Plage*, les *Potineuses*, *Paroles dans le Vent*, le *Bain des Enfants*, l'*Amour mouillé*, l'*Appel du Large*, *Rêves de Sirènes*, *Après-midi blonde*, etc., sont autant de petites nouvelles charmantes. C'est frais comme un conte d'Alphonse Daudet, finement observé comme une page d'Henri Duvernois.

Le cadre de cet article a ses limites. Je ne puis décrire tous ces tableautins, mais je ne connais rien, dans le genre, qui soit plus prestement croqué. Ce sont les mille et un incidents de la vie balnéaire, surpris à la volée et fixés avec une maestria extraordinaire. MAURICE DUBOIS se révèle philosophe souriant, épicurien raffiné et son pinceau est tantôt imprégné d'une mélancolie profonde et communicative, comme dans ce délicieux *Appel du Large* où l'imagination du visiteur peut jeter tout un bouquet de rêveries...

Et le peintre se révèle aussi, dans ces scènes, amoureux des belles lignes, des volumes bien équilibrés, des chairs resplendissantes, des mouvements esthétiques.

Les « Scènes de plages » auront un gros succès et elles prendront rapidement, sans nul doute, le chemin des petits salons de nos jolies villégiaturantes, les petits salons où nos Parisiennes ne pontifient pas, ne sacrifient pas à la religion du « monde », mais où, la cigarette blonde tendue à l'arc des lèvres coralines, elles se plaisent à remettre leur pensée devant l'écran des souvenirs de Deauville, de Biarritz, de Royan ou du Touquet...

Et je clos, sur cette souriante vision, cet article dans lequel j'ai dit toute ma joie d'avoir formulé ma pensée sur le beau peintre de la Villa Eugène Delacroix, dont l'œuvre puissante vaut non seulement par la maîtrise de sa technique, la richesse de la matière, mais surtout par la belle flamme spirituelle qui l'anime et qui la fera durer...

GABRIEL AQUITAIN,
Critique d'art.

" LES POTINEUSES "

Un Beau Peintre

MAURICE DUBOIS est, à l'heure actuelle, un des plus brillants repré-
sentants de cette école qui conserve encore les plus pures traditions
classiques. C'est un peintre à la fois riche et délicat ; son tempérament
généreux, la richesse d'une palette qui lui fournit les plus intenses
et les plus personnelles compositions ont fini par lui conquérir une
situation justement honorée dans notre pays. Jamais ses toiles ne
passent inaperçues. Elles sont à la fois soutenues et translucides,
explicites mais parfois mystérieuses. C'est que MAURICE DUBOIS est
un technicien excellent et un intimiste plus pénétrant encore.

Il n'élève pas le symbole à la hauteur d'une institution, mais
dans l'exposition qu'il a ouverte chez lui, dans cette demeure fami-
liale du Vésinet qu'il habite depuis longtemps, les paysages et les
portraits, les marines et les fleurs, les grandes compositions et les
simples et modestes médaillons, tout cela a cependant une signifi-
cation qu'il faut chercher sous les couleurs.

Je placerai en tête de cette exposition les paysages. Je ne crois
pas trahir la pensée de MAURICE DUBOIS en disant qu'avant tout
il est paysagiste. Le paysage, en effet, lui est facilement accessible.
On sent l'aisance, la facilité, le don. Il y a dans sa plus belle toile :
La Symphonie d'or, une spontanéité et une ivresse de la couleur que
ne renieraient pas nos plus célèbres maîtres. C'est reposant comme
un soir d'été, après les heures étouffantes du midi. Dans ce chef-
d'œuvre, j'admire tout sans réserve : la composition marquée des masses,
la géométrie des frondaisons, la vérité du sous-bois. Ce paysage est
le plus nourri et le plus complet qu'il m'ait été permis de voir depuis
longtemps.

D'autres, comme *L'Ancêtre, Soir d'orage*, ou *La Passerelle ensoleillée*, sont aussi francs. Ils conservent en outre un souci de poésie et
un goût de terroir qui sont d'une belle synthèse décorative sans aller

L'ANCÊTRE

jusqu'à la raideur. *L'Autre tranchée*, *Les Marais de Saint-Gond*, *La Ferme*, peut-être, nous semblent provenir d'une autre inspiration. Sans tomber dans les puissantes obscurités qui nuisent à l'art de certains Hollandais éminents, ils nous paraissent répondre à l'exégèse des règles de cette école.

Parmi les fleurs, MAURICE DUBOIS, plus volontaire, a gardé dans son ordonnance des tons une palette très nuancée et infiniment séduisante, pour traduire les variétés de tonalité de fleurs qu'il nous présente sous tant de noms divers et d'aspects différents. Mais qu'il s'agisse de *La Toison d'or*, de *Caresses de roses*, de *Voluptés florales*, de *L'Ecrin des roses*, etc., nous retrouvons en chacune de ces toiles la spontanéité que nous admirons dans l'œuvre entière de MAURICE DUBOIS. Comme les paysages, comme les marines dont je parlerai tout-à-l'heure, les fleurs, (je préciserai : les roses, car c'est à celles-ci que va la prédilection du peintre) sont peintes avec une attention délicate et un doigté finement nuancé qui révèlent le grand artiste.

Mais voici les marines. Ici, tout le sert : la justesse d'une technique impeccable, sa fougue de vision et du rendu, l'oubli devant l'impression prépondérante de la nature. Ses tableaux sont harmonieux, équilibrés, et expriment ce qu'ils veulent dire sans faux-fuyants. Il y a là de vastes horizons au-dela desquels d'autres horizons se devinent ; et des ciels, pays ouverts à l'imagination, où les nuages capricieux vagabondent comme nos rêves.

MAURICE DUBOIS a su rendre avec une eaxctitude et une pureté de touches les différents aspects de la mer, tels nous les avons vus, tels nous les connaissons, tels nous aimons les imaginer. Ils sont divers et multiples, changeants comme la vague et je crois qu'ils me plaisent tous également. Mais ne voulant pas faire ici de sèche énumération, je me contenterai de citer sa *Caresse aux Rochers*, ses *Dernières Flamblées sur la mer*, où j'ai encore remarqué la souplesse et la luminosité de son pinceau, *La Vague en furie* et *La Marée haute au crépuscule*. Certaines autres marines, comme je le signalais précédemment pour quelques paysages, me rappellent la manière flamande un peu trouble, un peu brumeuse, mais jamais sans expression.

Parmi ses portraits j'en retiendrai trois. *La Jeune Fille à la fourrure*

LA CHANSON DES ROSES

où **Maurice Dubois** a mis plus que son talent. On devine un amour
tendre sous chaque touche : le père a su trouver des nuances délicates
et inédites pour nous parler de sa fille. *Espièglerie*, a-t-il intitulé la
seconde œuvre. Il n'était pas besoin de la signer ainsi, car on admire
l'homme qui a su sur une toile fixer et la mobilité et la diversité
d'expressions qui sont le charme de son délicieux modèle. Enfin,
L'Infante au balcon, qui témoigne d'une observation aiguë.

Il est bien évident que ses scènes de plages sont des fantaisies,
et je ne les citerais que pour mémoire, s'il ne fallait en parlant
d'elles, louer encore le talent et la conscience d'un artiste qui, même
dans ses distractions de quelques instants, sait imposer une discipline à son pinceau et maîtriser une fougue toujours juvénile.

Et je me servirai de ces « petites choses » pour suggérer à **Maurice
Dubois** une idée, qui m'est venue en contemplant une de ses grandes
compositions, une grande pièce qu'il me semblait dédaigner, car il
l'avait placée derrière la porte d'entrée. Je veux parler de ce que
j'appellerai *L'Hymne à la Houille blanche*, qui fait penser à certaines
allégories de Bronzino et des peintres lettrés du XVIe siècle. Ce sont
de belles femmes nues, idéalisées, que j'ai contemplées avec le respect
que l'on doit à la Vérité. C'est clair, beau, souple et fort. Il y a là
une source d'infinie puissance que j'ai vu, justement, transparaître
dans ces scènes de plages délicates où les baigneuses possèdent ce
modelé et cette aisance des grands peintres de la grande époque.

RAOUL DE GIVREY,
du "Figaro".

(Panneau décoratif)

Un bel Artiste

L'Echo des Etudiants
(PARIS, 25 JUIN 1927).

Je le connais depuis quelque vingt-cinq ans. Il habitait alors à Bruxelles, où dans le recueillement il étudiait les maîtres et travaillait son Art, ou aussi, dans le silence, il réunissait, les uns après les autres, les innombrables souvenirs, pièces, armes, uniformes, autographes, que sais-je qui font de sa maison un rare musée napoléonien.

Je le retrouvai vingt ans plus tard au Vésinet, dans une vaste villa qu'il venait d'acheter, à la suite de plusieurs succès obtenus au Salon des Artistes Français, dans la présentation de diverses œuvres de grande envergure sur le Premier Empire.

Je l'ai revu ces jours ci, au vernissage de son exposition particulière qu'il a la coquetterie de soumettre au public dans la fruste villa de naguère, aujourd'hui transformée superbement et sise au milieu d'un parc aménagé avec autant de somptuosité que de goût.

MAURICE DUBOIS est un grand artiste. Et comme tant d'artistes, il est devenu fiévreusement jaloux de son art. Il se refuse dorénavant aux Artistes Français, et il expose chez lui. Il peut le faire avec munificence dans ses deux vastes et luxueux ateliers. Mais l'intérêt de son initiative ne réside pas dans le cadre où il la montre, mais dans l'œuvre exposée elle-même.

Il y a là 73 toiles, exactement. Non toutes, évidemment, de même valeur, mais toutes intéressantes à des degrés ou pour des motifs divers.

Ce qui frappe d'abord le curieux d'art c'est la variété du talent de MAURICE DUBOIS. Portraitiste, il nous présente notamment la vivante image de sa fille morte, il y a quelques mois, à la veille des fiançailles; puis un *Amour d'enfant* gentil et vrai, et un *Après le Bain* nous montrant une délicieuse petite cigale.

" APRÈS LE BAIN DE LA CIGALE "

Paysagiste, c'est sa *Symphonie d'Or*, puissante composition qui est un des clous de l'exposition avec ses jeux de lumière perçant les ramures automnales ; l'*Autre tranchée* (le sillon creusé par la paysanne) où figurent des bœufs dont les raccourcis sont obtenus grâce à des empâtements à la Frans Hals : cela est de la très grande peinture ; un bel effet de soleil dans *la Passerelle ensoleillée, les Marais de Saint-Gond*, et l'*Ancêtre*, qui font songer à Harpignies ; et d'autres levers et couchers de soleil.

Voici maintenant des marines : des rayons dorés sur la mer, ou de lourdes vagues sinistres (*In Gurgite vasto; Dernières Flambées sur la Mer, Vague au clair de Lune, La Caresse aux Rochers, L'Assaut de la Vague, etc.*). Puis des fleurs, que le pinceau du peintre diapre de couleurs éblouissantes.

Enfin, de nombreuses scènes de plages, petits tableaux spirituels et amusants, qui, réduits, seraient des **sujets** recherchés pour cartes postales d'art ou bien formeraient des pages de milieux dans des périodiques mondains. Il y en a là une vingtaine, tous présentés dans des cadres ovales, et qui figurent ici la note joyeuse dans cette exposition par ailleurs si sérieuse et puissante.

C'est que MAURICE DUBOIS, pendant les années qu'il a passées en Belgique, s'est inspiré de la technique et des procédés des grands maîtres flamands et hollandais ; mais il choisit des sujets contemporains, et les interprète avec sa mentalité claire et spirituelle de français. Il y a dans son art celui de Frans Hals, par la précision de l'empâtement ; des deux Ruysdael, dans la composition de ses paysages; de Backhuysen, dans son intelligence de la mer; de Teniers, de Brauwer, de Van Ostade, dans la disposition et la gaieté de ses personnages. Il tient encore de divers autres maîtres, mais tout cela si fondu, si digéré, que l'ensemble n'est pas composite, mais bien un. Et la personnalité de MAURICE DUBOIS, d'abord, émerge.

Mais il y a autre chose encore. et qu'il faut noter. Différent de tant de peintres, admirables ouvriers en peinture, mais médiocres ordonnateurs de sujets et piètres intituleurs de leurs œuvres, MAURICE DUBOIS sait, dans un sujet quelconque. rester le maître de sa compostion et de sa distribution d'effets ! il sait aussi, d'un sujet quelconque, extraire

" PREMIERS FRISSONS "

la philosophie et en même temps chanter la poésie. Il sait enfin trouver le titre adéquat et qui frappe. Pourquoi ? Simplement perce que MAURICE DUBOIS est un peintre qui a des lettres et a fait ses humanités. C'est grâce aux classiques grecs, latins, français qu'il sait poétiser, philosopher, clarifier, ordonner, intituler. Et cela est assez précieux pour mériter d'être signalé:

Etudiants qui vous destinez aux carrières d'art, suivez cet exemple, si vous voulez que votre personnalité se dégage et s'impose.

La preuve... ? Vous la trouverez en prenant le train pour Le Vésinet. Vous aurez là l'occasion de faire un voyage à la fois instructif et séduisant. Lorsque vous aurez en effet longuement contemplé et étudié les œuvres exposées et leur facture, allez terminer votre journée en partie de campagne, dans les bois environnants. Alors, si vous avez compris et retenu l'enseignement visuel qui vous aura été donné dans l'exposition de l'Avenue Villebois-Mareuil, vous goûterez mieux le charme exquis et la poésie de ces bois, et vous pourrez immédiatement ainsi tirer profit de votre visite à l'œuvre de MAURICE DUBOIS.

DANIEL CALDINE.

LES MARAIS DE SAINT-GOND

SOIR D'ORAGE

Maurice Dubois

PEINTRE DE PORTRAITS

" La Revue du Vrai et du Beau "
(PARIS, 10 JUILLET 1927).

C'est avec beaucoup d'esprit de vérité et de raison que MAURICE DUBOIS a pris pour épigraphe de la seconde exposition ouverte dans son atelier de la Villa Eugène-Delacroix, au Vésinet, les trois mots latins : *Bis repetita placent...* Certes, la répétition est agréable quand il s'agit d'aussi belles choses que celles présentées au public par le peintre. Je m'en porte garant, pour ma part. Et si je consens à m'abonner, avec un plaisir annuel, aux manifestations hautement esthétiques de l'artiste, je ne suis pas le seul de mon avis !... Comme preuve de cette unanimité dans l'estime et l'admiration dont il jouit, il suffit de considérer l'affluence processionnelle des amateurs et des connaisseurs défilant dans le décor Trianon servant de cadre au prestigieux talent de l'auteur.

Mon intention n'est pas de rééditer la biographie de cette personnalité en relief sur la scène artistique parisienne. Ce serait injurier à sa réputation solidement établie, abondamment affirmée et qui peut se passer de prophète grâce à sa propre valeur. Elle est, en effet, de celles qui, s'imposant d'elles-mêmes, n'ayant rien à envier à autrui, se contentent de leur essence constitutive pour triompher. Il est des auréoles dont la phosphorescence se distingue en plein jour. Tel est le cas présent.

Après avoir prodigué à l'étranger les trésors d'une formule dont on ne se lasse pas d'admirer l'ampleur, MAURICE DUBOIS est revenu dans son pays d'origine paré de toutes les séductions d'un tempérament d'élection. Il a réservé les fulgurations de sa période d'apothéose à la France. Il n'a pas voulu frustrer sa patrie de ce merveilleux feu d'artifice parvenu à l'heure du « bouquet ». Il faut l'en féliciter, d'autant que

" AU SEUIL DE LA LOGE "
PORTRAIT DE LA TRAGÉDIENNE M. D.

cette phase, commencée chez lui prématurément, est encore aux initiales étapes de son éblouissement.

Tout d'abord, ce qui surprend davantage, chez MAURICE DUBOIS, c'est son étonnante facilité, l'inlassable variété de sa manière, puis la qualité de sa couleur et l'élégance de sa touche. A la bonne heure ! Celui-là sait « travailler » et faire chanter la lumière !...

Mais, pour en revenir à l'aisance de sa composition, j'avais signalé, naguère, sa virtuosité en tant que peintre d'histoire, paysagiste, fleuriste, etc. Voici que, cette année, des portraits de toute beauté révèlent la faconde miraculeuse avec laquelle il interprète la figure humaine.

Devant la diversité des ambiances : intérieur, plein air, etc., au milieu desquelles brille ce septuor sans égal, on se demande à quel tableau revient le premier rôle de la collection...

Il se trouve, hélas ! que ce joyau possède un orient assombri... Le chef-d'œuvre du groupe — et le qualificatif n'a rien d'exagéré, puisque devant cette toile le nom de Reynolds vient se placer tout naturellement sur les lèvres — représente, sous le titre de *Jeune Fille à la Fourrure*, le portrait de la fille aînée de l'artiste, charmante fleur féminine qui, l'an passé, fut cueillie sauvagement par l'inexorable faucheuse et enlevée en quelques heures au foyer familial. Les visiteurs du Salon de la Nationale de 1923 ont certainement gardé dans leur mémoire le souvenir de cette toile, *Portrait de Mademoiselle Marthe D...* MAURICE DUBOIS avait très bellement campé sa fille en « tragédienne » — car elle l'était par nature — s'appliquant alors à interpréter les lignes harmonieuses et souples du modèle et son œuvre était un hymne ardent à la vie, exécuté en gammes colorées, palpitantes de vibrations.

Aujourd'hui, le peintre a voulu extérioriser toute la vie intérieure de l'enfant perdue, on aurait dit qu'il pressentait que ce camélia immaculé que l'amour devait cueillir sous peu pour les joies terrestres, allait être réservé, dans tout son éclat, pour la gloire des Noëls éternels.

MAURICE DUBOIS a dépensé dans ce tableau des trésors de sensibilité et cette traduction spirituelle accomplie, dans une technique d'une admirable sûreté, s'impose aux regards. A la richesse d'émotions s'ajoute la richesse de la couleur. Le plan subjectif et le plan objectif

" ESPIÈGLERIE "
PORTRAIT DE Mlle G...

se superposent et si le psychologue prend une joie précieuse à étudier
la « lumière d'âme » dans laquelle l'œuvre est baignée, les fervents du
coloris admirent la qualité première de la matière amoureusement
caressée par un pinceau savant et les gens de métier loueront, comme
il convient, l'opposition violente et simplement réussie entre les tona-
litées rosées et laiteuses des chairs et l'éblouissement sombre de la chevelure magnifiquement traitée et se conjuguant avec le ton profond
en noir majeur, velouté et moelleux du splendide manteau de loutre
jeté sur la courbe harmonieuse des épaules. .

Après le diamant noir, la perle rose !... Celle-ci, sous la dénomina-
tion d'*Espièglerie*, reproduit les traits charmants de la seconde fille
de l'auteur : un poème de jeunesse et de fraîcheur, un feu-follet, un
papillon créé pour se jouer des fleurs de la vie...

Indépendamment de cette série qui le consacre à jamais au premier
rang de nos grands portraitistes, MAURICE DUBOIS donne encore toute
une collection de marines exécutées, pour la plupart, sur la Côte
d'argent, et qui célèbrent toutes les irisations du prisme, à commencer
par les notes les plus fortes, les plus audacieuses, pour finir par les
vibrations les plus ténues, les plus subtiles. Dans cet ordre d'idées,
l'artiste s'est efforcé de synthétiser le mouvement de la vague dans ses
oscillations contraires, depuis sa sournoiserie féline, jusqu'à son dramatique courroux de puissance emportée. Il a pleinement réussi dans sa
tâche et cette quarantaine d'impressions dégage un sentiment aigu
de vie et de mouvement, de calme et de sérénité. A remarquer surtout,
dans certains cas, la massivité compacte du roc formant l'assise de la
scène et, d'un autre côté, la fluidité nébuleuse du flot se brisant sur le
récif, sans oublier avec quelle autorité rare la tonalité du ciel est
savamment calculée pour faire valoir l'ensemble.

Au résumé, MAURICE DUBOIS est un talent complet, un grand et
bel artiste dont la maîtrise appartient déjà, et de plein droit, à la
postérité,

JULES DE SAINT-HILAIRE.

" LES DEUX SACRIFICES "
MUSÉE DE L'ARMÉE (Chapelle des Invalides)

Un Vernissage

Le Journal de Poissy
(POISSY, SEINE-ET-OISE, 23 JUIN 1927).

L'excellent artiste peintre, MAURICE DUBOIS, me conviait au vernissage de l'Exposition, qu'il organise chaque année, en son vaste atelier de la villa Eugène-Delacroix, au Vésinet.

Ce fut un événement tout à fait parisien. Il y avait parmi nous des artistes, des hommes de lettres, des hommes politiques, des gens du monde. Accueil charmant de l'artiste qui, avant de nous faire les honneurs de son atelier, nous a fait ceux de son parc dont l'aspect estival est empli de thèmes précieux pour tout poète de la palette.

Helléniste autrefois, nourri de souvenirs classiques, MAURICE DUBOIS a érigé dans les sous-bois un Temple à l'Amour, aux lignes harmonieuses, dans le style dorique.

Aujourd'hui, un buffet installé pour les hôtes lance sa note moderne au petit dieu Eros. Le champagne remplace l'ambroisie de Ganymède et les coupes étincellent aux doigts des invités. Un gentil tumulte règne sous les ombrages et les oiseaux chantent. C'est franchement charmant.

Et l'on entre dans l'atelier où MAURICE DUBOIS nous présente de fort belles œuvres. Ce petit salon du Vésinet est un salon complet. Le pinceau de l'artiste a brossé tous les genres et a excellé dans tous.

Il y a la galerie des portraits traités en pleine pâte. Le dessin est ferme. La matière superbe. Tous les visages dégagent la flamme intérieure du modèle. Les paysages sont revêtus d'une coloration richissime. L'art, disait Zola, c'est la nature vue à travers un tempérament. Le tempérament de Maurice Dubois est vigoureux, son intelligence est intuitive, sa sensibilité est d'une prodigieuse acuité et tout cela est mis

IDYLLE SUR LE LAC D'AMOUR A BRUGES-LA-MORTE

au service d'une technique remarquable. On voit l'intérêt que ces toiles présentent.

Ce don de sensibilité, cette virtuosité dans la facture s'affirment dans les études florales et dans les marines, qui ont été très admirées. Plus de cinq cents visiteurs franchirent en cette journée la porte de l'atelier de la villa Eugène-Delacroix. Ce fut le succès, le gros succès et les artistes présents félicitèrent le peintre d'avoir eu l'audacieuse, l'originale et : — l'événement l'a prouvé — l'heureuse idée de faire une exposition loin des bruits du boulevard, au milieu de la belle nature estivale : et je ne serai pas surpris si l'exemple de l'excellent artiste, MAURICE DUBOIS était suivi par plusieurs.

JEAN COLIN.
Premier Grand Prix de Rome (Peinture 1910).

OCÉANO NOX

LA RUE DU ROULEAU A BRUGES-LA-MORTE (*Aquarelle*)

L'Exposition Maurice Dubois

AU VÉSINET

La Liberté de Seine-et-Oise
(SAINT-GERMAIN-EN-LAYE, 16 JUIN 1927).

Le souvenir du régal artistique offert l'an dernier, à ses visiteurs, par le maître MAURICE DUBOIS, justifiait le désir de retourner dans ce charmant Palais de l'Art, niché délicieusement au milieu des frondaisons du Vésinet et où l'accueil cordial du peintre et de Mme Dubois, aidés de leur charmante fille, ajoute un délicat agrément à la vision attachante des œuvres exposées.

Ce qui frappe tout d'abord, à l'entrée du Salon où les toiles de MAURICE DUBOIS se succèdent dans un apparent désordre — des fleurs, des marines, des paysages, des portraits se touchent, en effet, cadre à cadre pourrait-on dire, sans détruire l'harmonie de l'ensemble — ce qui frappe, disons-nous, c'est la merveilleuse fécondité de l'artiste.

Tout ceci, à quelques exceptions près — qui forment, en quelque sorte, l'encadrement familier du foyer artistique et personnel de MAURICE DUBOIS — est l'expression nouvelle d'un travail incessant, réalisé au cours d'une année, avec une plénitude de pensée et une force de conception qui attirent et retiennent.

Et cette fécondité, en perpétuel renouvellement, ne se traduit pas par des œuvres hâtives, inachevées ou schématiques. Le fini de chacune supposerait, chez un peintre moins remarquablement doué que MAURICE DUBOIS, un lent travail d'adaptation au sujet, de mise au point des couleurs.

Chez lui, au contraire, il semble que la réalisation ait dû suivre

LES MOUTONS

presque immédiatement le jaillissement de l'idée. Secret de l'artiste :
ou, plus justement, secret d'un artiste maître de son art. Sa pensée
picturale, toujours à la besogne, ne connaît pas le repos : son sujet vit
en son âme avant de vibrer sur la toile.

Et comme le peintre a, pour exprimer matériellement son sujet,
la technique la plus sûre, la plus minutieuse, il peut se permettre, sans
erreur, une production abondante, sans lourdeur, sans faute et sans
redite.

La qualité dominante d'un peintre est, croit-on généralement, de
savoir peindre. Oui, sans doute ! Disposer les tons, les couleurs, les
nuances les plus ondoyantes, sans accroc, suivant la gamme subtile
et mouvante, fuyante et sans cesse diverse des harmonies colorées,
c'est bien là le propre du peintre. Il lui faut, pour atteindre à cette
perfection qui enchante, le don, l'inspiration : en un mot, l'art.

Mais de quel embarras serait une palette, si riche fût-elle en teintes
innombrables, pour un peintre qui ne saurait les distribuer sur une
armature solide, pour un peintre qui ne saurait pas dessiner ! Vérité
élémentaire, trop souvent méconnue, sans le respect de laquelle le
plus vibrant coloriste ne resterait qu'un barbouilleur.

Maurice Dubois sait dessiner. Voilà le secret technique de sa
maîtrise. Il l'avoue, sans honte, et c'est tout à son honneur : « Oui,
dit-il volontiers, je dessine mes tableaux avant de les peindre ». Et il
estime cette manière de travailler toute naturelle, parce qu'elle fait
partie de sa conscience d'artiste.

Maintenant que nous connaissons le procédé si simple mais si rare
du maître peintre, aventurons-nous sans crainte au milieu de ces paysages qui nous entourent, à nous laisser croire que nous marchons dans
cette allée magnifiquement entr'ouverte entre des arbres à travers
lesquels se glisse le soleil et sa *Symphonie d'Or*, d'une luminosité éclatante et si délicieusement tamisée par les branches et les feuilles, ou
que nous traversons la *Passerelle ensoleillée*, poème de lumière tantôt
éclatante, tantôt enveloppante et comme nostalgique.

Cueuillons aussi au passage ces fleurs qui semblent nous jeter leur
parfum vrai au visage. Poète des roses, Maurice Dubois nous les
montre sur tous leurs aspects, dans leur *Ame*, dans leur *Poème*, dans

" LA FEMME A LA MANTILLE " (PORTRAIT DE Mme M. D.)

leur *Chanson*, dans leur *Écrin*, et nous en aimons avec lui les *Caresses* et les *Voluptés*.

Des scènes de plage, dont la plupart sont prises à Royan, font rêver aux temps proches des séjours marins. De très fines notations nous ravissent, par leur grâce et leur esprit : telle la jeune baigneuse qui prend contact avec la vague, timidement, les pieds à peine posés sous la caresse froide du flot, les mains étendues comme pour se protéger d'un péril imaginaire. Et quel charmant sourire, mêlé de joie un peu craintive, sur le visage de la jolie naïade.

De nombreuses sœurs l'entourent d'un rythme harmonieux : les *Potineuses, Baigneuses au Repos, Perles sur la Grève, Rêves de Sirènes, Premiers Frissons*, l'*Amour mouillé, Farandole bleue, Murmures sur les Flots, Paroles dans le Vent*, bien d'autres encore. Toutes jolies, si grâcieusement femmes, si pudiques dans la nudité discrète du maillot de bain.

Ces croquis de plage ne nous détournent point des visions plus âpres qui mettent face à face l'artiste et les multiples transformations du flot. Là, chante ou rugit le sonore poème de la mer : les *Dernières Flambées sur la Mer*, les *Rayons dorés*, sensations lumineuses merveilleusement traduites ; la belle symphonie colorée, *In gurgite vasto*, aux reflets violet-mauve d'un effet tragique et puissant; *L'Assaut de la Vague* et *La Caresse aux Rochers*, deux aspects du flot enlaçant les rochers de Vallières, les *Moutons*, d'un impressionnisme qui nous tient haletant et que le grand Claude Monet admira. Quel plus bel éloge pourrait-on se risquer à décerner à MAURICE DUBOIS après une telle récompense?.

Il est encore, parmi les œuvres de ce Salon si personnel et si complet, des *Portraits* qui vivent ou qui font survivre le souvenir d'une fille aimée et disparue trop tôt : *La Jeune Fille à la Fourrure*, hommage de piété paternelle, poignant et douloureux, et dont le sourire, animé éternellement par l'art attristé d'un père, semble nous accueillir toujours dans cet atelier dont elle fut un modèle familier et fervent.

Plus loin, l'*Infante au Balcon*, dans laquelle on reconnaît les traits grâcieux de la seconde fille du peintre, traduit la truculente atmosphère de l'Espagne : luminosité, chaud coloris, contraste ardent et

L'ENTRÉE DU BÉGUINAGE A BRUGES-LA-MORTE (*Aquarelle*)

pourtant harmonieux des jeux de lumière qui se heurtent dans un chatoiement brillant et étonnamment équilibré. Quelle belle ardeur de ton !

Mais il faudrait tout revoir de ces quelque cinquante tableaux qui témoignent d'un labeur acharné, d'une maîtrise sans égale, d'un art probe et sûr, d'une merveilleuse force au service de la peinture. MAURICE DUBOIS est de la lignée des maîtres qui s'imposent sans conteste.

G. LEGRAND-DALLIX,
Homme de Lettres.

RAYONS MAUVES

ARCACHON. — "EFFET DE BROUILLARD"

NOTES D'ART

L'Exposition Maurice Dubois

Le Soir (Paris)
(16 juin 1927).

Le succès obtenu par le peintre MAURICE DUBOIS, l'an dernier, l'a encouragé à tenter une seconde fois ce tour de force : faire venir les Parisiens à son atelier du Vésinet. Il n'est pas douteux que, cette année encore, de nombreux amateurs d'art feront le déplacement — peu pénible d'ailleurs — de la villa Eugène-Delacroix.

Et ce léger effort, ils n'auront pas à le regretter.

Les soixante toiles qu'expose MAURICE DUBOIS constituent un ensemble d'une rare beauté.

Aucune impression de monotonie : des genres divers, traités avec une égale maîtrise, mais dans des styles différents, se font mutuellement valoir.

Deux tableaux, un paysage et un portrait, attirent tout d'abord l'attention. Tant par leur facture que par leur conception, ils sont vraiment dignes d'être appelés des « œuvres de maître ».

Le paysage ? Une allée de forêt, à l'automne. Son titre, *Symphonie d'Or*, donne une idée de la richesse du coloris. La touche, particulièrement vigoureuse, s'apparente un peu à l'impressionnisme, bien que l'ensemble soit parfaitement classique. Mais ce qui est le plus remarquable dans cette belle œuvre — j'ai été tenté d'écrire : ce chef-d'œuvre — c'est l'intense poésie qui s'en dégage. Ceux qui l'ont vue — et ceux qui la verront — ne me démentiront pas.

Le portrait est celui d'une jeune fille drapée dans une fourrure. MAURICE DUBOIS s'y montre un vrai peintre de la figure humaine. La transparence des chairs y est rendue avec un rare bonheur et l'ensemble est d'une harmonie parfaite.

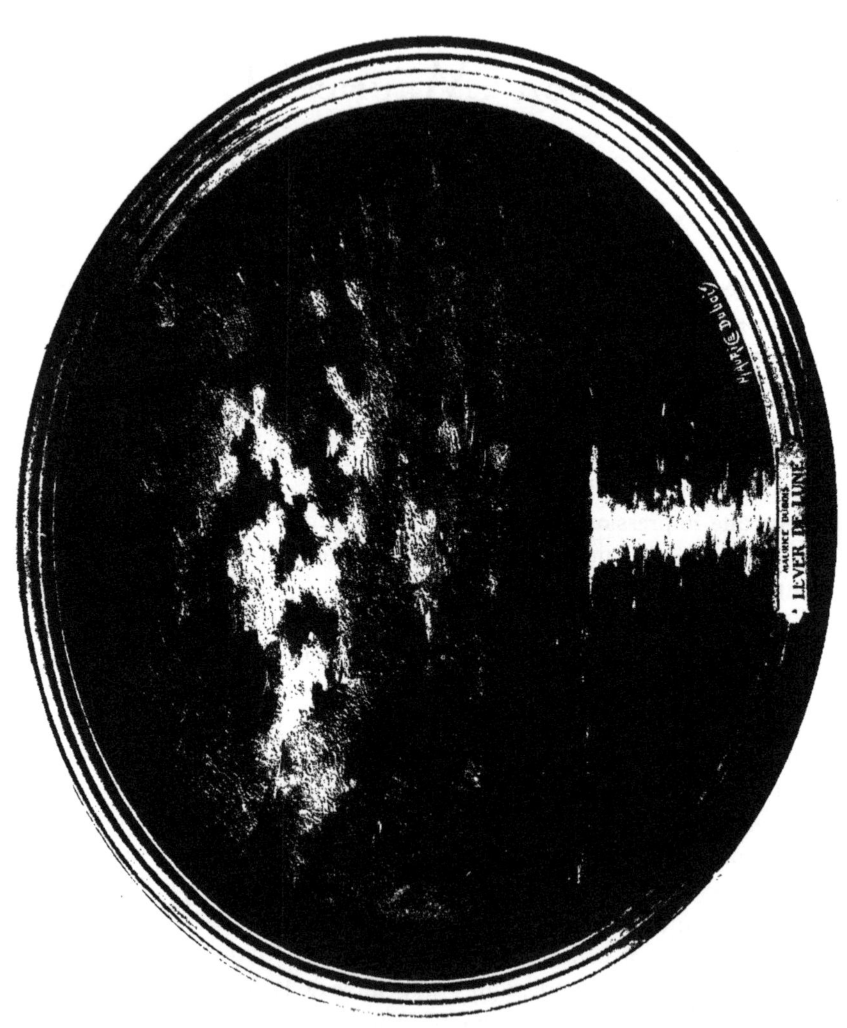

UN LEVER DE LUNE A ROYAN

Je voudrais citer toutes les toiles qui m'ont séduit... Elles sont trop !
Je dois cependant noter *Espièglerie, Le Repos de la Cigale, L'Ancêtre,
L'Infante au Balcon,* et ces délicieuses scènes de plage, particulièrement séduisantes, notamment *Les Perles sur la Grève, Murmures sur
les Flots, Les Potineuses, L'Ecrin des Vagues, Rêves de Sirènes, Au Clair
de la Lune* d'un bel effet décoratif dans des teintes infiniment douces.

Le bel exemple d'effort individuel que fournit MAURICE DUBOIS
méritait d'être signalé. Il démontre chez son auteur la puissance du
sentiment artistique... sentiment qui n'a jamais beaucoup frayé les
sentiers battus.

ROGER DORSEL.

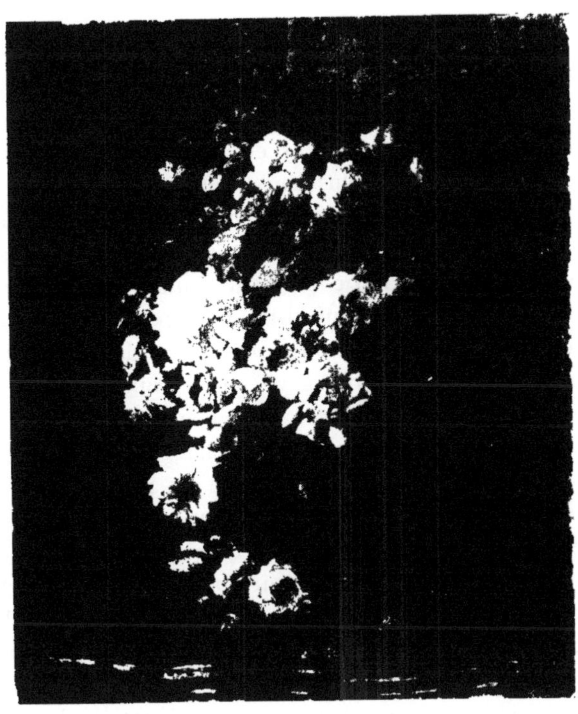

VOLUPTÉS DE ROSES

Un Grand Peintre

"*La Revue Moderne*"
PARIS, 30 JUILLET 1927.

Lorsqu'une première fois j'allai dans son atelier du Vésinet voir MAURICE DUBOIS, j'eus la révélation d'un grand peintre, d'un coloriste prestigieux, dont le talent embrassait depuis le portrait jusqu'à la nature morte, le paysage, la fleur et la marine. Délices des yeux, commentés par l'artiste le plus simple et le plus affable.

J'ai aimé que MAURICE DUBOIS, grand travailleur et grand artiste, connaisse sa propre valeur, et soit fier d'une œuvre que seule une fausse et détestable modestie pourrait feindre d'ignorer. Et tous ceux — très nombreux — qui ont visité son exposition en ont remporté un souvenir précieux. Aussi, à l'annonce d'une deuxième exposition, n'ai-je pas hésité à aller revoir la villa Delacroix et son hôte.

J'ai retrouvé MAURICE DUBOIS au milieu de ses œuvres, dans un enchantement de toiles dont la moindre classerait un artiste, et dont la profusion atteste le travail formidable du peintre.

Hélas, cette année, j'ai trouvé en MAURICE DUBOIS, non pas le peintre heureux de l'an dernier, mais un père frappé d'une terrible douleur par la perte de sa fille, et pour qui la peinture a été le refuge, l'art la consolation. Esprit élevé qui a trouvé dans la voix de la nature, la paix du cœur, et qui a mis le meilleur de son talent à faire revivre la disparue dans quelques toiles pieusement peintes et pleines d'amour. Que MAURICE DUBOIS me pardonne cette évocation de sa douleur, et qu'il se console. Sa fille n'est pas tout à fait disparue, puisqu'elle revit ici... souriante dans sa belle jeunesse, dans des toiles telles que *La Cigale et la Fourmi*, et surtout cette *Jeune Fille à la fourrure*, qui est un portrait parfait, le meilleur peut-être du peintre.

A côté de ceci, la mer occupe une place considérable : *Les Rayons dorés*, *La Caresse aux Rochers*, effet de mer calme remarquablement observé, une belle étude de large, *In Gurgito vasto*, des effets de matin, très clairs, sous une lumière blonde délicieusement rendue ; une excellente toile : *Vague au Clair de lune*, à la puissante exactitude de laquelle des artistes et des hommes de lettres ont rendu un hommage autorisé.

Des fleurs, comme l'an dernier, des roses admirables de couleur et de forme. Des scènes comme *L'Idylle sur le lac d'Amour* où la fluidité de l'eau en perles lumineuses fait ressortir la légèreté des cygnes.

J'ai gardé pour la fin deux paysages, dans lesquels MAURICE DUBOIS s'est surpassé : *L'Ancêtre* et *Symphonie d'or*, vues du parc de Bonnelles, chez la duchesse d'Uzès, d'une belle richesse de couleur et qui réunissent toutes les qualités de MAURICE DUBOIS : la nature, la poésie et la peinture collaborent ici à un chef-d'œuvre. Je ne crois pas avoir vu souvent de meilleures études que celles de ces arbres dorés, si vigoureusement enracinés, si puissants par le feuillage et la silhouette. Cette allée où l'on croit pouvoir s'avancer, bordée d'arbres magnifiques, traités dans les jaunes les plus riches, est un pur chef-d'œuvre. Cet arbre qui penche sur l'étang, endormi au soleil, sa masse verte et jaune.

MAURICE DUBOIS se tient à l'écart des écoles et des chapelles, il ne vit que pour son art. C'est la nature même vue par un poète dont le lyrisme se traduit par de la couleur.

Il serait à souhaiter qu'une de ses œuvres perpétue dans un de nos musées, le souvenir de cet artiste sincère, vibrant et infiniment noble.

Camille HESSET.

L'Exposition Maurice Dubois
AU VÉSINET

Le Rappel (Paris)
(28 JUIN 1927).

Dans le calme de son atelier du Vésinet, caché au milieu d'un parc et entouré d'une roseraie fleurie, le peintre MAURICE DUBOIS a installé une exposition de ses œuvres.

D'aucuns pensaient — et disaient — : « Il a tort... c'est trop loin le Vésinet ! On ne peut exposer ailleurs qu'à Paris ».

Le public, lui, a donné raison à l'artiste et a considéré le déplacement, non comme une corvée, mais comme une promenade.

C'en est une, en effet, et des plus charmantes.

Les visiteurs qui sans craindre le « voyage » ont visité l'atelier de la Villa Eugène-Delacroix ont eu cette récompense : soixante tableaux, divers d'inspiration et de facture, mais tous intéressants et formant un ensemble qu'aucune tache ne dépare.

Parmi ces toiles, il en est deux, notamment qui, à elles seules suffiraient à réjouir les âmes éprises de beauté.

C'est tout d'abord *Symphonie d'or*, une allée de forêt à l'automne La richesse de tons de cette œuvre est admirable et la lumière y joue avec une puissance rare. C'est un véritable éblouissement.

Toute différente, *La Jeune Fille à la Fourrure* nous montre en MAURICE DUBOIS un portraitiste de la bonne école : celle qui s'attache à la ressemblance et à l'expression, peignant tout à la fois les traits et le caractère. La transparence des chairs, dans ce portrait, est particulièrement remarquable.

Je citerai également un autre portrait : *Espièglerie*, et un second paysage : *L'Ancêtre*. De délicieux ovales très décoratifs, représentant des scènes de plage : *Perles sur la Grève*, *Rêves de Sirènes* et *L'Appel du large, Farandole bleue, Après-midi blonde, Fleurs de Plage, Le Bain des Enfants*, sont particulièrement bien venus. Une grande toile fait penser à l'*Enéide : In Gurgite vasto...*

Ce sont là des œuvres de premier ordre, de celles qui classent un peintre parmi les meilleurs.

R. DU CHASTAINGT.

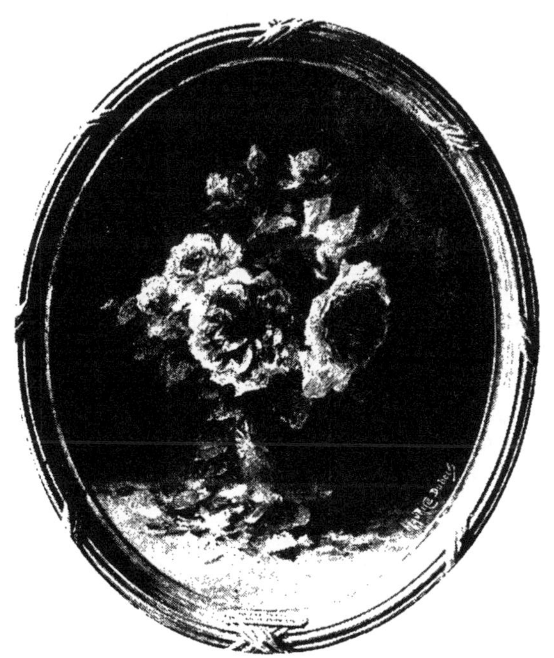

PRÉSIDENT POINCARÉ

L'Exposition de Maurice Dubois
en son Atelier, au Vésinet.

"Les Artistes d'Aujourd'hui"
PARIS, 1er JUILLET 1927.

La richesse d'un peintre est sa souplesse. Cela se marque bien chez MAURICE DUBOIS. Sitôt le seuil de l'atelier franchi, l'œil d'un coup est ébloui, capté, entraîné en mille sens. Dans un instant, il possède le monde entier, puisqu'il s'arrache à l'admirable gravité de *La Symphonie d'or* pour tomber en la gaîté légère des scènes de plage.

Il faut que l'artiste lui-même reprenne cet émoi, modère ce bondissement intérieur de l'être et vous conduise par le chemin de ses toiles, s'arrêtant à chacune et donnant ainsi le loisir d'en admirer l'intégrale beauté.

Des paysages de suite s'imposent. Et en premier, cette *Symphonie d'or*, véritable pièce de musée, d'un sentiment puissant et d'une incomparable force de palette. Cette valeur profonde de la couleur nous la retrouvons dans *L'Ancêtre*, arbre vénérable éplorant son feuillage sur une onde dormante, dans *La Passerelle ensoleillée*, dans *Les Marais de Saint-Gond*, si tragiques en leur simplicité. Et *L'Autre Tranchée*, d'une belle noblesse de facture, nous incite à méditer, à comprendre cette leçon.

La personnalité de MAURICE DUBOIS s'accuse dans les marines. Trois d'entre elles forment un tryptique magnifique, où la masse sombre des durs rochers s'oppose à l'impétueux élan de la vague. Et l'on chercherait vainement le procédé par lequel le peintre a si éloquemment rendu l'impression de profondeur de l'hémistiche de Virgile : *In gurgite vasto.*

Puis ce sont des scènes de plage, fort plaisantes. Etudes de lumière, recherche d'effets, jolis corps féminins vêtus de couleurs vives ; ce sont des instants surpris dans leur spontanéité, dans le charme de l'heure qui passe.

Des fleurs encore, d'un pinceau délicat. Enfin sept portraits d'une vie intense, d'un caractère surprenant. Quel sentiment ne les habite pas? Quelle émotion devant cette vie rendue, cette existence contrainte par la magie de l'art à demeurer quand même !

Dans le calme du Vésinet, MAURICE DUBOIS poursuit son probe labeur loin des coteries, loin des snobs. La nature lui parle et il connaît son langage. La couleur lui a livré ses secrets.

Et tandis que ma mémoire déjà s'accrochait, encore émerveillée, au souvenir de *La Symphonie d'or*, le chef-d'œuvre de cette exposition, de *L'Infante au balcon*, du portrait de *La Jeune Fille à la fourrure*, des *Marines*, des *Clairs de lune*, je pensais, revenant vers la ville, que cet éloignement discret était toute une leçon.

Du Vésinet à Montparnasse, il y a toute la distance d'une intelligence et d'une sensibilité.

ANDRÉ PASCAL-LÉVY.

TOISON D'OR

Promenade après l'Orage

Au peintre MAURICE DUBOIS.

Ce lourd matin succède à l'orage du soir.
— Délicieuse en sa fraîcheur, la gorge nue,
Une brune aux yeux bleus a longé l'avenue :
Le souffle des œillets la suit sur le trottoir.

Dans le verger, voici que naît le rouge espoir
De la groseille, acide offrande tôt venue ;
Que, grain de pourpre au bout de sa tige menue,
La fraise a balancé son suave encensoir.

Le talus droit, sous le troène, l'églantine
Et le sureau semant l'encens, chantent matines ;
Quelques coquelicots ensanglantent les blés.

Les lointains sont drapés d'un manteau bleu de brume.
Et ce mur droit qui dort, de torpeur accablé,
De roses de carmin se pare et se parfume !

LÉON-SILVESTRE DE SACY.

"La Libre Parole Républicaine"

PARIS, 19 JUIN 1927.

Maurice Dubois au Vésinet

Toute ma vie j'ai souhaité d'être paysagiste. Mon grand-père maternel, Léon Vinit, l'était ; j'avais reçu, de lui, une grande facilité pour le dessin, et j'aurais voulu, ainsi que le désirait ma mère, entrer moi aussi dans la grande et belle phalange des artistes sincères !

Je pensais ainsi en visitant, au Vésinet, l'Exposition MAURICE DUBOIS, et, séduit par la magnificence et la variété des toiles exposées par le noble artiste, j'ajoutais en moi-même : « Ce que j'aurais voulu faire, MAURICE DUBOIS l'a réalisé ! » Il jaillit, en effet, de l'ensemble de ces tableaux un je ne sais quoi de vivace et de vrai, qui grave profondément dans l'esprit la gamme chantante des tons lumineux ; qui non seulement les grave, mais exhale en même temps la fraîcheur, exalte aussi la force et s'adoucit parfois pour exprimer la fragilité et la grâce !

C'est une véritable puissance que cette faculté d'observation aiguë qui peut ainsi enregistrer et transmettre la netteté, la précision de toute vibration lumineuse, l'amplifiant ou l'atténuant, suivant les circonstances, pour reproduire l'effet cherché !

La puissance et la force nous les avons retrouvées dans les paysages et les marines.

Nous aimons surtout les impressions d'octobre recueillies à Bonnelles, dans la propriété de la Duchesse d'Uzès. *L'Ancêtre,* glorieux sous son manteau d'or, se dresse, encore robuste, au-dessus de l'étang mordoré heureux de se laver au pied de ce majestueux vieillard. *La Symphonie d'or,* magnifique d'harmonie grandiose, chante largement la joie de la saison dorée, suspend, sans mélancolie, le suprême et vaporeux frémissement des feuilles, délicieux déclin prolongé par l'ampleur de la profonde et voluptueuse allée !

Cette vivacité de touche, si marquée dans les plages de feuillages, nous la retrouvons, encore plus accusée, lorsque l'artiste interprète la transparence et l'infinie variété des flots.

Beaucoup de ces marines ont été prises à Royan, vers Vallières, et l'on retrouve avec plaisir toutes les splendeurs de l'Océan.

L'Assaut de la Vague, La Caresse aux Rochers, beau mouvement, admirablement saisi ; *Dernières Flambées sur la mer, In Gurgite vasto,* reflets mauves sur la crête des vagues, effets de soleil couchant réellement grandioses !

Entre ces toiles quelques jolis portraits, où préside le sourire exquis de la *Jeune Fille à la fourrure* — car MAURICE DUBOIS excelle aussi dans le portrait — ; des fleurs : *L'Ame des Roses, La Chanson des Roses, Les Impératrices,* toutes parfumées et fraîches, dans leurs nuances délicates et sincères ; des scènes de plage, animées par la grâce de charmantes baigneuses, achèvent d'affirmer la maîtrise du loyal artiste.

C'est un ensemble vraiment virgilien, où l'ingénieux créateur a su faire entrer aussi bien le charme symbolique des champs, des grâces et des flots que leur grandeur et leur majesté... élyséennes !

LÉON-SILVESTRE DE SACY.

MESSIDOR

TABLE DES MATIÈRES

CONTENUES DANS CET OUVRAGE

L'ÉCRIN DES VAGUES

INDEX DES ILLUSTRATIONS

CONTENUES DANS L'OUVRAGE

Achevé d'imprimé en Octobre 1927
par Charles BRANDE, Imprimeur,
Le Vésinet (Seine-et-Oise).

Clichés Photographiques
de MM. VIZZAVONA, de Paris,
MALVAUX, de Bruxelles,
et PANAJOU Frères, de Bordeaux.

Photogravures
des Établissements MALVAUX, de Bruxelles,
GRIMARD et PLUMEREAU, de Paris.

www.ingramcontent.com/pod-product-compliance
Ingram Content Group UK Ltd.
Pitfield, Milton Keynes, MK11 3LW, UK
UKHW022035170726
13837UKWH00002B/606